Johan Vising

Die realen Tempora der Vergangenheit im Französischen

und den übrigen romanischen Sprachen

Johan Vising

**Die realen Tempora der Vergangenheit im Französischen und den übrigen
romanischen Sprachen**

ISBN/EAN: 9783744606219

Hergestellt in Europa, USA, Kanada, Australien, Japan

Cover: Foto ©Thomas Meinert / pixelio.de

Weitere Bücher finden Sie auf **www.hansebooks.com**

FRANZÖSISCHE STUDIEN.

HERAUSGEGEBEN

VON

G. KÖRTING und E. KOSCHWITZ.

VII. BAND. 2. HEFT.

DIE

REALEN TEMPORA DER VERGANGENHEIT

IM FRANZÖSISCHEN

UND DEN ÜBRIGEN

ROMANISCHEN SPRACHEN

EINE SYNTAKTISCH-STILISTISCHE STUDIE

VON

JOHAN VISING.

II.

FRANZÖSISCH — ALLGEMEINES.

HEILBRONN.

VERLAG VON GEBR. HENNINGER.

1889.

INHALTSÜBERSICHT.

Verlag von GEGR. HENNINGER in Heilbronn.

Französische Studien.

Herausgegeben von G. Körting und E. Koschwitz.

Die vollständig erschienenen sechs Bände bleiben zu den bisherigen Preisen käuflich, nämlich Band I, III bis VI zu ℳ 15.— für den Band, Band II zu ℳ 12,— (wegen kleineren Umfangs); die einzelnen Hefte können auch ferner zu unveränderten Preisen wie beigesetzt bezogen werden.

I. BAND.

1. Heft.* (Einzelpreis ℳ 4.50.)
   Inhalt: **Syntaktische Studien über Voiture.** Von W. List. **Der Versbau bei Philippe Desportes und François be Malherbe.** Von P. Gröbedinkel.
2. Heft. (Einzelpreis ℳ 6.40.)
   Inhalt: **Der Stil Orestiens von Troies.** Von R. Grosse.
3. Heft.* (Einzelpreis ℳ. 7.20.)
   Inhalt: **Poetik Alain Chartier's.** Von M. Hannappel. — **Ueber die Wortstellung bei Joinville.** Von G. Marx. — **Der Infinitiv mit der Präposition à im Altfranzösischen bis zum Ende des 12. Jahrhunderts.** Von H. Soltmann. — **Corneille's Médée in ihrem Verhältnisse zu den Medea-Tragödien des Euripides und des Seneca betrachtet mit Berücksichtigung der Medea-Dichtungen Glover's, Grillparzer's und Legouvé's.** Von Th. H. C. Heine.
   * Die in diesen Heften enthaltenen Abhandlungen sind nicht einzeln käuflich.

II. BAND. (Preis ℳ 12.—.)
Inhalt: **Molière's Leben und Werke** vom Standpunkt der heutigen Forschung. Von B. Mahrenholtz.

III. BAND.

1. Heft. **Ueber Metrum und Assonanz der Chanson de Geste „Amis et Amiles".** Von Joseph Schoppe. (Einzelpreis ℳ 1.40.)
2. Heft. **Die südwestlichen Dialekte der Langue d'oïl.** Poitou, Aunis, Saintonge u. Angoumois. Von Ewald Görlich. (Einzelpreis ℳ 4.80.)
3. Heft. **Die Wortstellung in der altfranzös. Dichtung „Aucassin und Nicolete".** Von Julius Schlickum. (Einzelpreis ℳ 1.60.)
4. Heft. **Historische Entwickelung der syntaktischen Verhältnisse der Bedingungssätze im Altfranzösischen.** Von Joseph Klapperich. (Einzelpreis ℳ 2.30.)
5. Heft. **Die Assonanzen im Girart von Rossillon.** Nach allen erreichbaren Handschriften bearb. v. Konrad Müller. (Einzelpreis ℳ 2.40.)
6. Heft. **Unorganische Lautvertretung innerhalb der formalen Entwickelung des franz. Verbalstammes.** Von Dietrich Behrens. (Einzelpreis ℳ 3.—,)
7. (Schluss-) Heft. **Die Wortstellung in den ältesten französischen Sprachdenkmalen.** Von Bernhard Völcker. (Einzelpreis ℳ 2.—.)

IV. BAND.

1. Heft. **Nivelle de la Chaussée's Leben und Werke.** Ein Beitrag zur Litteraturgeschichte des 18. Jahrh. und insbesondere zur Entwickelungsgeschichte der „Comédie larmoyante." Von Johannes Uthoff. (Einzelpreis ℳ 2.40.)
2. Heft. **Die Quantität der betonten Vokale im Neufranzösischen.** Von Julius Jaeger. (Einzelpreis ℳ 2.40.)
3. Heft. **Boileau-Despréaux im Urtheile seines Zeitgenossen Jean Dismarets de Saint-Sorlin.** Von W. Bornemann. (Einzelpreis ℳ 5.—.)
4. Heft. **Vocalismus und Consonantismus des Cambridger Psalters.** Mit einem Anhang: Nachträge zur Flexionslehre desselben Denkmals. Von Wilhelm Schumann. (Einzelpreis ℳ 2.40.)
5. (Schluss-) Heft. **Geschichtliche Entwickelung der Mundart von Montpellier** (Languedoc). Von Wilhelm Mushacke. (Einzelpreis ℳ 5.60.)

V. BAND.

1. Heft. **Zur Syntax Robert Garniers.** Von A. Haase. (Einzelpr. ℳ 3.40.)
2. Heft. **Beiträge zur Geschichte der französ. Sprache in England.** I. Zur Lautlehre der französ. Lehnwörter im Mittelenglischen. Von Dr. D. Behrens. (Einzelpreis ℳ 7.60.)

Abonnements werden durch alle Buchhandlungen des In- u. Auslandes vermittelt.

Verlag von L. EHLERMANN in Dresden.

ÜBUNGS-BIBLIOTHEKEN.

Auswahl deutscher Bühnenstücke zum Übersetzen ins Französische bearbeitet.

Nr.	M.	Nr.	M.
1. Benedix, Doktor Wespe. 3. Aufl.	—.80	10. Benedix, Mathilde. 3. Aufl.	—.80
2. Hersch. Die Anna-Lise. 2. Aufl.	—.80	11. Lessing, Minna v. Barnhelm. 2. Aufl.	1.—
3. Benedix, Das Lügen. 2. Aufl.	—.80	13. Schiller, Der Parasit. 5. Aufl.	—.80
4. Töpfer, Gebrüder Foster	—.80	13. — Der Neffe als Onkel. 6. Aufl.	—.80
5. Gutzkow, Das Urbild des Tartüffo	1.—	14. Benedix, Die Hochzeitsreise. 3. Aufl.	—.80
6. Bauernfeld, Die Bekenntnisse	—.80	15. Goethe, Egmont. 2. Aufl.	1.20
7. Gutzkow, Zopf u. Schwert. 2. Aufl.	1.—	16. Lessing, Nathan der Weise.	1.40
8. Benedix, Ein Lustspiel	—.80	17. Kugler, Geschichte Friedrichs des Grossen, bearb. von Marmier.	1.50
9. Schiller, Wilhelm Tell.	1.—		

Chefs d'oeuvre des classiques français

avec un choix des meilleurs commentaires français et des remarques
par le
Dr. O. Fiebig et St. Leportier,
revue par le Dr. A. Poschier, professeur.

Nr.	M.	Nr.	M.
1. Racine, Les Plaideurs. 2. éd.	—.80	14. Corneille, Cinna	—.90
2. — Phèdre. 2. éd.	—.80	15. Molière, Les Précieuses ridicules	—.50
3. — Athalie. 2. éd.	—.90	16. — L'Etourdi	—.90
4. — Iphigénie. 2. éd.	—.80	17. Voltaire, Tancrède. 2. éd.	—.80
5. — Andromaque.	—.90	18. — Zaïre	—.80
6. — Britannicus. 2. éd.	—.90	19. Molière, Les Fourberies de Scapin	—.60
7. — Esther. 2. éd.	—.80	20. — Les Femmes savantes. 2. éd.	—.80
8. Corneille, Le Cid. 2. éd.	1.20	21. Montesquieu, Considérations. 3. éd.	1.40
9. — Horace	—.90	22. Marmontel, Belisaire	1.20
10. — Le Menteur	1.—		
11. Molière, L'Avare. 2. 2d.	—.90		
12. — Le Tartufe. 2. éd.	1.—		
13. — Le Misanthrope. 2. éd.	—.90		

Kapitel VI.

Französisch.

Bemerkungen zum Provenzalischen.

A. Einfaches Perfekt.

I.

Logisch-perfektische Bedeutung.

Roland 1731: *Vostre proecce, Rolanz, mar la veïsmes (Gautier: nous sera funeste).*
Crestien Cligés 4735: *Meis tuit dient: Nos nel veïmes, Puis que nos del tornoi partimes.* — 6362: *Ne vi lune ne soloil luire, Plus a de quinze mois antiers. S'estre poïst, mout volantiers M'an istroie la fors au jor, Qu'anclose sui an ceste tor* (Die letzten Verse zeigen, dass die Einschliessung noch dauert, dass die Zeit also, während welcher Fenice keinen Mond gesehen hat, noch nicht zu Ende ist). — Löwenritter 1768: *Donc n'as tu rien vers moi mespris Ne vers lui n'eüs tu nul tort?*

Villehardouin 68: *Et bien tesmoigne Joffrois li mareschaus de Champaigne, qui ceste œvre dita (De Wailly: dicta)... que onc si bele chose ne fu vue.* — 82: *Sachiez nos ne venimes (De Wailly: vînmes) mie por vos mal faire, ainz venimes por vos garder.*

Rutebeuf II, 292: *Et por les granz maus que j'ai fez Ving ci fère ma pénitance.*

In den übrigen romanischen Hauptsprachen machte es keine Schwierigkeit, unzweideutige und zahlreiche Beispiele zu finden, in welchen das einfache Perfekt logisch-perfektische Bedeutung hatte. Im Französischen ist diese Bedeutung im einfachen Perfekt seltener, im Neufranzösischen überhaupt nicht vorfindlich, es sei denn im antikisierendem Stil, wie in den angeführten Uebersetzungen De Waillys. In der neufranzösischen Grammatik kommt daher das einfache Perfekt als Ausdruck der logisch-perfektischen Bedeutung überhaupt nicht zur Sprache.[1]) In der altfranzösischen Syntax dagegen hat man wechselweise diese Bedeutung angenommen und geläugnet. Für dieselbe trat zuerst D a r i n auf, dann K ö r n i g; gegen dieselbe B o c k h o f f, H a a s e, R u d o l p h, S c h l u t t e r und, obwohl nicht entschieden, M a l m s t e d t. Diese letzteren gehen aber von der Voraussetzung aus, dass man bei jeder Handlung von deren Beziehung zur Gegenwart absehen dürfe, und dass dies notwendig geschieht, sobald ein einfaches Perfekt vorliegt. Eine solche Beziehungslosigkeit ist zwar nicht unmöglich; wird aber oft unnatürlich (besonders in dem ersten von H a a s e, G a r n i e r S. 42 gebrachten Beispiele), und scheint zu gekünstelt, um dem unbefangenen Sprachsinn aufgedrängt zu werden. Macht man sich einmal von dem gewöhnlichen Eindruck der Verbalform frei und geht man von der hier im Kap. VII gegebenen Definition der logischperfektischen Bedeutung aus, so kann man den hier zitierten altfranzösischen Beispielen diese Bedeutung nicht absprechen. In R o l a n d 1731, L ö w e n r i t t e r 1768 wäre es unnatürlich, wenn auch immer denkbar, von dem Fortbestehen des Resultats abzusehen. In V i l l e h a r d o u i n 82, R u t e b e u f II, 292 muss die Handlung des Kommens als eben abgeschlossen gedacht werden. In den übrigen drei Beispielen dehnt sich die Handlung über den Zeitpunkt der Aussage hinaus. Andere Stellen, in welchen das einfache Perfekt eine ebenso unzweifelhafte logisch-perfektische Bedeutung hat, werden von K ö r n i g, S. 45, 47, angeführt. Sie enthalten *mar*[2]) oder einen Hinweis auf ein vorliegendes Werk.

Es dürfte somit feststehen, dass das einfache Perfekt im Altfranzösischen logisches Perfekt sein kann. Daraus folgt, dass man sich nicht notwendig scheuen muss, diese Bedeutung auch da anzusetzen, wo sie nicht völlig ganz so sicher gestellt ist, aber doch in Verbindungen steht, in denen das historische Perfekt auffallend wäre. Wenn z. B. Graf Roland sagt (R o l a n d 199): *Pris ai Valterne e la terre de Pine,* fasst wohl niemand dies anders als ein logisches Perfekt auf; wenn nun der unmittelbar vorstehende Vers lautet: *Jo vus cunquis e Noples e Commibles,* so scheint es natürlich diese Aussage auf ganz dieselbe Weise aufzufassen; auch übersetzt Gautier, was freilich nicht viel beweist: *ai conquis.* Ähnliche Bewandtnis hat es nicht selten mit anderen Stellen, wo das einfache Perfekt

---

[1]) Nur K ö r n i g, S. 42, wagt eine Behauptung in dieser Richtung; sie ist indess nicht hinlänglig gestützt, wie auch M a l m s t e d t gezeigt hat (S. 19).

[2]) Über die Perfekte mit *mar*, *bor* sagt R u d o l p h, S. 29, dass die Beziehung zur Gegenwart gerade durch diese Adverbia abgeschnitten sei. Zeitlich könnte man sie zwar als gegen die Gegenwart abgrenzend ansehen, wenn man sie aus *mala*, *bona hora* entstehen lässt, da diese Stunde dabei der Vergangenheit gehörig wäre; inhaltlich aber verwendet man kaum diese Ausdrücke ohne direkte Anspielung auf den gegenwärtigen Zustand, wie wenn man im Deutschen sagt: „Dies habe ich in einer unglücklichen Stunde gethan".

neben dem zusammengesetzten vorkommt, und wo diesem seine gewöhnliche logisch-perfektische Bedeutung abzusprechen kein Grund
vorhanden ist. Mehrere solche Stellen sind von K ö r n i g gesammelt
worden: indes sind kaum alle von ihm zitierten einfachen Perfekta
als logische Perfekte anzusetzen. Es ist nämlich auch zuzugeben,
dass der Übergang von einer Auffassung zu einer andern und damit
von einer Ausdrucksweise zu einer andern im Altfranzösischen viel
leichter und gewöhnlicher und auch, mit Rücksicht auf die geringe
Ausbildung des Stils, natürlicher war als im Neufranzösischen.

Weniger geboten ist es, mit M a l m s t e d t die Perfekte, die
mit *hui* verbunden sind, als logische Perfekte anzusehen (vgl. Kap.
VII). Wenn z. B. M a r i e d e F r a n c e sagt, G u i g e m a r 316:
*En bois alai chacier ieo ui. Une blanche bisse feri, E la saiete
resorti, etc.,* so ist dies schon vom ersten Anfang an eine Erzählung,
die von der hier demselben Tage angehörigen Zeit des Erzählens,
ausgelöst worden ist. Es liegt ein historisches Perfekt vor.

Mangelhaftes Verständnis dieser Sachlage hat in späterer Zeit,
als das einfache Perfekt seinen Gebrauch auf das historische Tempus
eingeschränkt hatte, in der französischen wie in der italienischen
und spanischen Grammatik zu der Regel geführt, das einfache Perfekt
dürfe in Verbindung mit *aujourd'hui, cette semaine* und dgl. Ausdrücken nicht angewandt werden. Der erste, der dies deutlich
ausspricht, ist H. E s t i e n n e in seinem *Traicté* (1569), S. 62:
"Quand on dit, Je parlay à luj et luj fei response, cecy ne s'entend
point avoir esté faict le jour mesme auquel on raconte ceci, mais
auparavant ... Car d'un homme qui fust venu parler à eux depuis
un demi-quart d'heure, voire depuis une minute de temps, ils [les
étrangers] eussent dict Il veint ici, il parla a moy. Et mesmes
sans qu'il soit besoing de les escouter longtemps pour en donner
sentence, ils font quelquefois leur proces eux-mesmes, quand ils
disent, Il me veint parler aujourd'huy. Car ce *Jourdhui* qu'ils
adioustent porte leur condemnation". Dies wird später in den
Hypomneses (S. 190) und von fast allen französischen Grammatikern
wiederholt. Daher die bekannte Kritik der französischen Akademie
und Voltaires über das *Je lui fis l'affront, Corneille, Cid* II, 1.
"Il n'a pû dire, je luy *fis*", sagt die Akademie[1]), „car l'action vient
d'estre faite; il falloit dire, quand je luy ay fait, puis qu'il ne
s'estoit point passé de nuit entre deux," welche Anmerkung V o l t a i r e
in seinen *Commentaires* billigt. Eine ähnliche Anmerkung macht
V o l t a i r e zu *Cid* IV, 3: "L'Académie n'a point repris cet endroit,
qui consiste à substituer l'aoriste au simple passé. *Je vis, je fis,
j'allai, je partis,* ne peut se dire d'une chose faite le jour où l'on
parle". Noch in unsern Tagen steht diese Regel in den französischen
Grammatiken z. B. bei B r a c h e t und D u s s o u c h e t, S. 316,

---

[1]) S. 117 der Auflage der Œ u v r e s Corneilles 1707.

Brunot, S. 565. Auch **Diez**, III, 278, scheint diese Regel zu billigen. Offenbar hat dieselbe, von der Würde der Akademie gestützt, mehr als das natürliche Sprachgefühl der französischen Verfasser gewirkt, denn **Corneille** änderte die von der Akademie kritisierte Stelle, und bei andern Autoren sind Beispiele derselben Art äusserst selten; die Grammatiker haben deren fast nur zwei aufgespürt, mit welchen Alle ihre Darstellung illustrieren.[1]) Indes fehlt es nicht an Theoretikern, die einen richtigeren Blick für dieses Verhältnis gehabt haben. Zuerst scheint **Lemare** (1807) Bedenken über die fragliche Regel erhoben zu haben (*Cours* I, 272); dann **Mätzner**, **Syntax** I, 91, und nachher mehrere französische, deutsche und auch schwedische Grammatiker, wie **Lesaint**, **Girault-Duvivier**, **Ayer**, **Hirzel**, **Schifflin**, **Enblom**. Der letztere zitiert folgendes gute Beispiel aus **Scribe**: *Aujourd'hui à dix heures il vint nous chercher, nous conduisit chez le notaire et nous fit signer ce contrat détestable.*[2])

Die logisch-perfektische Bedeutung, die durch das einfache Perfekt ausgedrückt wird, scheint sich hauptsächlich durch grössere Entschiedenheit und Feierlichkeit von der logisch-perfektischen Bedeutung des zusammengesetzten Perfekts zu unterscheiden, weshalb die einfache Form für diese Bedeutung mehr der Poesie als der Prosa zusagt.[3]) Möglich ist, dass, wenn beide Formen neben einander vorkommen, die einfache die Idee des Entfernteren erweckt, wie sie es sonst leicht thut; vgl. unter Perfekt III. Wenn aber die **Hystoire de Jules Cesar** beginnt: *Ci coumenche li hystoire de Julius Cesar, ke Jehans de Tuin translata de latin en roumans,* so kann dieses *translata* keine andere Bedeutung haben als das *ai fait* in der Einleitung des **Besant de Dieu**: *Or voil a tei parler, qui ai fait la chancun.*

Sichere Beispiele der logisch-perfektischen Bedeutung im einfachen Perfekt sind seit dem dreizehnten Jahrhundert kaum noch anzutreffen. Auf den ersten Blick kann folgende Stelle eigentümlich erscheinen: *Je me suis montré tel que je fus; méprisable, et vil, quand je l'ai été; bon, généreux, sublime, quand je l'ai été* (Rousseau, *Confessions*, I, 2). Der Verfasser gibt aber durch das *fus* an, dass er seine Selbstbiographie vom Anfang an als über ein abgeschlossenes Stadium seines Lebens fortgeführt betrachtet; die folgenden *j'ai été* bezeichnen dabei zeitlich Unbestimmtes; das vorhergehende *me suis montré* das dem Verfasser im Augenblick der Aussage Vorliegende.

---

[1]) Von **Mätzner**, **Syntax** I, 91 angeführt, das eine aus **Dessiaux**, das andere aus **Delavigne**.

[2]) Siehe über diese ganze Frage eine ausführliche und interessante Zusammenstellung von **Berggren**, **Anteckningar**, S. 17 ff.

[3]) So urteilt auch **Körnig**, S. 43.

II.

Intensive Hervorhebung eines Faktums.

α) Im allgmeinen.

Cumpoz 965: *Cel tans fut cunoïit Tresbien que veirs Deus fut.*

Henri de Valenciennes 370: *Et il dist ke volentiers le feroit, mais non fist.*

Joinville 378: *Et quant il vouloit aucune chose affermer, il disoit: Vraiement il fu ainsi (De Wailly: fut).*

Jean de Condé I, 181: *Car uns provierbes nous raconte Que tels cuide vengier son honte Qui l'acroist, et ensi avint.*

Rabelais 35: *Supplementum supplementi chronicorum dict que Gargamelle y mourut de ioye: ie n'en sçay rien de ma part, et bien peu me soucie ny d'elle ny d'aultre. La verité feut que Gargantua . . . faisoit tomber a chascun coup [de son pigne] plus de sept balles de boulets.*

Fénelon, Télémaque 4: *Le sage Mentor m'aima jusqu'à me suivre dans un voyage que j'entreprenois contre ses conseils.*

Voltaire, Siècle de Louis XIV 225: *Il fallait de grands efforts en Allemagne pour résister à Marlborough, et on les fit. — 318: Ce qui devait arriver arriva : ils s'aimèrent.*

Michelet, Histoire de la révolution IV, 216 *Ils laissèrent croire qu'ils allaient réclamer, et, en réalité, ils allèrent demander un ordre. — V, 586: Ils assurèrent qu'ils ne menaient les canons qu' à la place du Panthéon. et les menèrent au Carrousel.*

Sainte-Beuve, Lundis III, 382: *Ses amis, et il en eut, n'échappaient pas à ses humeurs.*

Mendès, L'homme tout nu 111: *Tout vaillant qu'il se targuât d'être et qu'il fut en effet, la laideur d'une femme lui était une ennemie.*

Nur Seeger und Rabbinowicz haben diesen energischen Charakter des Perfekts beobachtet. Jener sagt I, 16: "Es ist das Tempus der fortschreitenden Erzählung, wie der energischen Affirmation oder Negation einer Thatsache". Dieser bemerkt S. 105: "Enfin on emploie parfois le narratif pour donner plus d'énergie à l'action". Vgl. auch Perfekt IX.

β) Bei *rester* und ähnlichen Verben.

Vgl. hierüber Nachtrag.

γ) In der Form eines Bedingungsnebensatzes
(von *si* eingeleitet).

Crestien, Cligés 397: *Et prie lor que ne lor griet,
Meis s'ainz fist rien qui lor pleüst, Que il ceste bataille eüst
An guerredon et an merite.*

La comtesse de Ponthieu 214: *Et se vos fustes
onques preudom, or le moustrés.*

Joinville 4: *Car se Diex morut en la croiz, aussi fist-il.*
— 116: *Li roys de Sezile estoit si hors dou sens, que il se vouloit
aler ferir ou feu pour estaindre; et se il en fu courociez, je et
mi chevalier en loames Dieu.*

Jean de Condé I, 216: *Mais s'il n'orent que X conté,
Si erent tout de grant bonté.*

Rabelais 49: *Pour tout dire sommairement, vray moyne
si oncques en feut, depuis que le monde moynant moyna de
moynerie.* — 69: *Je me donne au diable si ie n'y tins plus de
six moys pour ung temps maison ouverte a tous venens.*

Corneille, Polyeucte V, 1: *Et, s'il l'aima jadis, il
estime aujourd'hui Les restes d'un rival trop indignes de lui.*

Voltaire, Siècle de Louis XIV, 199: *Si les beaux-arts
fleurirent en France par le soin de son roi, ils furent négligés
en Angleterre.* — 237: *Si jamais empereur parut fait pour
asservir l'Allemagne et l'Italie, c'était Joseph Ier.*

Daudet, Le petit Chose 83: *Un original s'il en fut.*

Mendès L'homme tout nu 176: *S'il grogna, ce fut
très doucement.*

Ueber dieses Perfekt siehe z. B. Mätzner, *Gramm.* 324
("ein Faktum wird gesetzt") Lücking, S. 389. Auch das Imperfekt kommt vor, Rabelais 146: *Malfaisant . . . ribleur
s'il en estoit a Paris;* Siècle de Louis XIV 9: *S'ils obte-
naient quelques avantages par les divisions et les fautes de
leurs ennemis, ils en perdaient le fruit par leur incapacité.* —
Auch kann das Perfekt im Vordersatz ein Faktum nur in Frage
setzen, wie *S'il en fut ainsi, il doit s'être bientôt ravisé,* Seeger
II, 144); vgl. Rudolph, S. 31.

III.

Vollendung.

α) Im allgemeinen.

Passion 102: *Venez veder lo loc voiant O li sos corps
jac desabanz.*

Alexis 25: *Il fut lor sire, or est lor provendiers.*

Roland 3211: *C'est de la terre ki fut (Gautier: appartint jadis) à l'rei Flurit.*

Crestien, Löwenritter 29: *Mes por parler de çaus qui furent, Leissons çaus qui an vie durent.*

Floire et Bl. 49: *L'aisnee d'une amor parloit A sa seror que moult amoit, Qui fu ja entre deus enfans.*

Corneille, Rodogune I, 5: *Ainsi ce qui jadis perdit Thèbes et Troie Dans nos cœurs mieux unis ne versera que joie.*

Racine, Andromaque IV, 3: *Ne vous suffit-il pas que je l'ai condamné...; Qu' Hermione est le prix d'un tyran opprimé; Que je le hais; enfin, seigneur, que je l'aimai?*

Voltaire, Siècle de Louis XIV 28: *Ainsi, sans vouloir deviner ce qu'était Mazarin, on dira seulement ce qu'il fit.*

Chateaubriand, Atala 39: *Il fut un temps... que j'étais aussi porté dans une peau de castor.*

Musset, La nuit vénitienne I, 1: *Razetta, il fut un temps où cette gondole... ne portait sur cette mer indolente que le plus insouciant de ses fils.*

Daudet, Le petit Chose 3: *Petit à petit les ateliers se vidèrent.*

Bel-Ami 273: *Puis, peu à peu, une espèce de calme se fit en son esprit.*

Das *fit*, **Siècle de Louis XIV**, scheint das Ausgerichtete, das "perfekt Gewordene", im Gegensatz zu dem *était*, das eine solche Vorstellung nicht erzeugt und nicht erzeugen soll, auszudrücken. Ein ganz analoges Beispiel führt **Hölder**, S. 425, aus *Montesquieu* an. — Beachtenswert sind die Fälle, wo, wie in den beiden letzten Beispielen, das Perfekt bei einer als dauernd dargestellten Handlung angewandt wird, um die schliessliche Vollendung hervorzuheben. — Bisweilen wird, wie mehrere Beispiele zeigen, der Begriff der Vollendung bis zum scharfen Gegensatz zur gegenwärtigen oder zukünftigen Zeit gesteigert. Nach **Hölder**, S. 58, wäre dies nur bei *fus* der Fall; die Zitate aus der *Passion* und *Andromaque* beweisen indes, dass auch andere Verbformen so vorkommen. Natürlich kann auch ein Imperfekt im Gegensatz zu dem Folgenden stehen, wie z. B. *Zadig* 128: *O Zadig! je vous aimais comme mon époux; je vous aime comme celui à qui je dois l'honneur et la vie;* wo *aimais* das Dauernde, aber jetzt Abgebrochene bezeichnet; vgl. Imperfekt II, α, 1. — Durch Betonung des Begriffes der Vollendung kommt man leicht auch zu der

Vorstellung, dass das Perfekt etwas längst Ueberstandenes bezeichne;
siehe hierüber noch unter erstem zusammengesetzten Perfekt II.
Ein Franzose teilt mir mit, dass *fut* in folgendem Vers aus La
Fontaine VII, 5: *Ce monseigneur du lion-là Fut parent de
Caligula*, wo eine Eigenschaft jenes Löwen als Motiv angegeben
wird, ihm aus dem Grunde gewählt worden zu sein scheint, weil es
sich um die graue Urzeit der sprechenden Tiere handelt. — Schon
Meigret (1550) gab als vornehmstes Charakteristikon des Perfekts
die "perfeccion de mon acte" (S. 89) an; mit Recht bestehen darauf
in neuerer Zeit besonders nachdrücklich Scholle, Herr. Archiv,
44, 427, und Seeger, nach welchem letzteren das Perfekt nur für
"perfekt gewordene Thatsachen" gebraucht wird (I, 17).

   β) Im Temporalsatz.

   Cumpoz: 909: *U par cette achaisun Que en cele saisun
Nostre Sire manjat, Puis qu'il r e s u s c i t a t.* — 1795: *E puis
qu'il v i n t la sus, Fut il aquarius.*

   Crestien, Cligés 1199: *Quant v e s t u z fu et a t o r n e z,
An tref le roi est retornez.*

   La comtesse de P. 194: *Et quant elle f u r e n o i e et
elle ot relenquie sa loy, li Soudans la prist à feme.*

   Villehardouin 4: *En l'autre an après que cil preudon
Folques p a r l a (De Wailly: parla, Du Cange: eut publié) ainsi
de Deu, ot un tornoi en Champaigne.* — 144: *Et ce fu li tierz
feus en Constantinoble dès que li Franc v i n d r e n t (De Wailly:
vinrent) el païs.* — 196: *Et n'i sistrent (De Wailly : ny étaient
restés) gaires longuement, quant la citez lor fu rendue.* (Vgl.
232: *N'i o t gaires sis [De Wailly : n'y avait guère resté] quant
il ot pris le borc ... Ni s i s t [De Wailly : resta] mie longuement, quant cil de dedenz parlerent de plait faire).*

   Joinville 42: *Après ce que li roys fu c o r o n e z (De
Wailly : fut couronné), il en y ot des barons qui requistrent à
la royne granz terres.*

   Rabelais 68: *Quand Gargantua feut a table, et la premiere
poincte des morceaulx feut b a u f f r e e, Grandgousier commença
a raconter. etc.*

   Garnier, Hippolyte 1781: *Apres qu'il v e i t l'esclandre ...
S'arracha de la foule.* — Antigone 1560: *Apres qu'Antoine
eut veu ... Et qu'il se v e i t trahy ..., Entre seul au palais.*

   Diese Anwendung des einfachen Perfekts, d. h. wo die Satz-
form (durch die Konjunktionen *puis que, après que* oder durch *ne ...*

guère, ne ... longuement) oder der Zusammenhang deutlich angibt, dass die Handlung vor einer andern vollendet ist, dehnt sich nicht über das XVI. Jahrh. hinaus; siehe H a a s e, *Syntax des XVII Jahrhs.*, S. 100. Über die älteste Zeit, vgl. M ä t s c h k e, S. 30.

γ) Bei momentaner Handlung.

A l e x i s 3: *Pois icel tens que Deus nos vint salver, Nostre anceisor ovrent cristientet.*

C r e s t i e n, C l i g é s 2382: *L'anfant apelerent* (´benannten sie´) *Cligés.*

R u t e b e u f II, 146: *Prie à ton Fil que nous en terde Et nous eslève De l'ordure qu'aporta Eve Quant de la pome osta la sève.*

J o i n v i l l e 362: *Le jour que li roys se parti de Yeres, il descendi à pié dou chastel.*

R a b e l a i s 4: *En icelle vous entendrez plus au long comment les grands nasquirent en ce monde, et comment d'iceulx par lignes directes yssit Gargantua.*

F é n e l o n, T é l é m a q u e 37: *Pendant que ses nymphes se mirent à cueillir des fleurs en chantant pour amuser Télémaque, Me prit à l'écart Mentor.* — 46: *Narbal savoit que Baléazar ne fut point noyé quand on le jeta dans la mer.*

V o l t a i r e, S i è c l e d e L o u i s XIV 126: *Montecuculli se retira du service de l'empereur, en même temps que le prince de Condé cessa de commander les armées de France.*

D a u d e t, L e p e t i t C h o s e 105: *Je l'arrachai de sa place et ... il s'en alla rouler hors de l'étude, jusqu'au milieu de la cour. Ce fut l'affaire d'une seconde.*

Einige Beispiele zeigen die momentanen Handlungen allein-stehend wie A l e x i s, C l i g é s, Le petit Chose, andere mit andern momentanen Handlungen gleichzeitig, wie R u t e b e u f, T é l é m a q u e, S i è c l e d e L o u i s XIV. Die Gleichzeitigkeit hat in diesen Fällen hinter die Momentaneität zurücktreten müssen: dass das Gegenteil, obwohl selten, stattfinden kann, wird Imperfekt II, γ 1 gezeigt. — In Zusammenhang mit der Frage, ob das Imperfekt Dauer aus-drücke, ist man in der französischen Grammatik auch auf die Frage gekommen, ob das Perfekt für momentane Handlungen bestimmt sei. O u d i n (1640) sagt S. 185: *"Si c'est vne action brefue ou pas-sant, il faut dire : allant de Paris en Italie, comme nous estions à Lion, nous beusmes de bon vin".* Das Beispiel ist nicht gut gewählt, aber die Regel ist zweifelsohne richtig. Auch findet sie sich bei H ö l d e r wieder, welcher, S. 57, ganz ausdrücklich sagt: "Die durch das Definitum ausgedrückte Handlung ... bezeichnet 1. eine vorübergehende, nur einen Moment ausfüllende Thätigkeit." Andere Grammatiker, namentlich auch M ä t z n e r, verhalten sich aber zu dieser Ansicht ablehnend, offenbar weil man gesehen hat, dass das Perfekt auch (bestimmte Zeit) dauernde Handlungen ausdrückt. S c h m i t z bringt daher folgende Beweisführung, S. 208: "Die noch immer nicht ganz verschollene Behauptung, dass das Imperfektum lange Dauerndes und öfter Wiederholtes, das Défini Momentanes und einmal Geschehenes ausdrücke, ist gleich hier durch ein schlagendes Beispiel zu widerlegen; *Le sort de Turenne et de Condé fut d'être toujours vainqueurs quand ils combattirent ensemble à la tête des Français, et d'être battus quand ils commandèrent les Espagnols* (Voltaire)".[1]) Diese Beweisführung verfehlt aber ganz ihr Ziel. Niemand behauptet, dass das Perfekt n u r Momentanes ausdrücke, und mit Recht wird es in dem zitierten Beispiel als Tempus der Zusammenfassung angewandt. Dass momentane Handlungen aber in der Mehrzahl der Fälle passender durch das Perfekt als durch das Imperfekt ausgedrückt werden, ist nicht zu läugnen. Es bedarf wichtiger hinzukommender Gesichtspunkte, um für solche Handlungen das Imperfekt zu wählen. Beispiele dafür werden beim Imperfekt II, *γ* 1, III, *γ* gegeben. Noch eins bietet uns L a F o n t a i n e VII 1: *Ils ne mouraient pas tous* in der vorbereitenden Grundlage einer Fabel.

IV.

Einfache Konstatierung eines Faktums.

La F o n t a i n e III, 3: *Le ton dont il p a r l a fit retentir les bois* (es wurde nicht früher gesagt, dass er sprach).

F é n e l o n, T é l é m a q u e 3: *Les larmes qui c o u l è r e n t* (zum ersten mal gesagt) *le long de ses joues donnèrent un nouveau lustre à sa beauté.* — 49: *Tous ceux qui l' é c o u t è r e n t ne purent retenir leurs larmes.*

V o l t a i r e, S i è c l e de L o u i s XIV 283: *L'attachement seul pour Marie Mancini fut une affaire importante, parce qu'il l'aima assez pour être tenté de l'épouser, et f u t assez maître de lui-même pour s'en séparer.* — 310: *Louvois même était sensible. Parmi plusieurs maîtresses qu'e u t ce ministre dont le caractère dur semblait si peu fait pour l'amour, il y eut madame Dufresnoy.*

M u s s e t, M a r g o t 576: *Margot l'écoutait faire ses contes avec une attention religieuse. Au peu de questions qu'elle hasarda, il vit combien elle était novice.*

---

[1]) So auch in seiner Encyklopädie, Supplem. II, S. 16.

B e l - A m i 28: *Il s'avança ... et, prenant la main de Mme Forestier, mit un baiser sur son poignet. Dans le mouvement qu'il f i t en se baissant, sa longue chevelure se répandit.* — 187: *L'heure qui s u i v i t fut difficile à passer.*

P a r i s , M a n u e l d'a n c i e n f r a n ç a i s 40: *Des trois périodes de notre épopée qui s u i v i r e n t la première, nous avons conservé un grand nombre de poèmes.* — 87: *Pendant les siècles qui s u i v i r e n t, la Bretagne celtique rentre pour nous dans une obscurité profonde.*

Bemerkenswert ist das formelhafte *qui suivit*, das auch angewandt wird, wo es nur als charakterisierender oder ausfüllender Zusatz vorkommt, wie in den drei letzten Beispielen. Anders verhält es sich z. B. in: *Cinna, qui le [Cid] s u i v i t, était unique* (S i è c l e de L o u i s XIV 409), wo es eine neue und hauptsächliche That-sache ausdrückt. — Den beziehungslosen oder absoluten Charakter des Perfekts haben vor allem H ö l d e r (S. 58 und 424) und S e e g e r (I, 18: "Das *Passé défini* ... steht überall, wo es steht, um seiner selbst willen") hervorgehoben, wogegen M ä t z n e r , G r a m m a t i k S. 310 keinen Unterschied zwischen absoluten und relativen Zeitformen machen will; vgl. Kap. VII.

Im Altfranzösischen wird bekanntlich das Perfekt in ausge-dehntester Weise da angewandt, wo die neue Sprache das Imper-fekt anwendet. Da dies, wie unten ausgeführt werden wird, zu einem grossen Teil auf Abstraktion von gewissen Verhältnissen der Beziehung zu beruhen scheint, wird diese Anwendung des Perfekts hier behandelt, wobei zu den entsprechenden Abschnitten der Zeit-form der Beziehung, d. h. des Imperfekts, hingewiesen wird.

Gegen Imperfekt I, α, 1.

L é g e r 27: *Com si l'aut tot vituperet Dist Ecruins, qui tant f u t mels: "Hor at perdut don Dieu parler".* 30: *Guenin a u t non cui l'comandat.*

R o l a n d 24: *Blancandrins f u t (Gautier : était) des plus saives paiens.* — 1593: *Grandonies f u t (Gautier : était) e prozdum e vaillant.* — 1953: *Tient Halteclere, dunt li aciers fut (Gautier : fut) bruns.*

C r e s t i e n , C l i g é s 1256: *Li chastiaus s i s t an un pui haut Et par desoz li cort Tamise.*

F l o r e et J e a n n e 87: *Cis rois Flores d'Autai prist à femme le fille au prinche de Braibant, ki molt fu gentis femme et de grant linage.*

La comtesse de Ponthieu 190: *Li cors ot gros et li
viaire enflé.*

Auc. et Nic. 22: *Je li dirai? fait cil qui plus fu enparlés
des autres.*

Villehardouin 32: *Ensi s'en alla li cuens Loeys et li
autre baron en Venise ... Mult fu (De Wailly: était) li os bele
et de bones genz ... et li navies que il (les Vénitiens) orent
appareillié, fu (De Wailly: était) si riches et si bels que onques
nus hom crestiens plus bel ne plus riche ne vit.* — 194: *Et cil
qui mult le crut et ama (De Wailly: le croyait et l'aimait), ala
al marchis, si li dist ceste chose.*

Joinville 4: *Mais li cuens Pierres d'Alançon ses fiz y
fu, qui mout m'ama (De Wailly : m'aimait).* — 36: *Et là
estoit li evesques Gius d'Ausserre qui fu (De Wailly: fut) fiz
monsignour Guillaume de Mello.* — 52: *Li secons freres le conte
Henri ot non Thibaut, et fu cuens de Blois; li tiers freres ot
non Estienne, et fu cuens de Samurre (De Wailly* überall *eut
und fut).*

Jean de Condé I, 187: *De la lame qui fu mout forte,
Outre jus dou ceval l'emporte.*

Les 100 nouv. nouv. I, 41: *En la ville de Valenciennes
eut naguères ung notable bourgeois ... lequel entre les autres fut
renommé de large et discrete prudence. Et entre ses louables
vertuz celle de libéralité ne fut pas la maindre.* — I, 130: *Ou
cloistre des bluns moines avoit ung jeune et beau religieux qui
fut amoureux d'une des nonnains.*

Es handelt sich sowohl um dauernde Handlungen in eigentlichem Sinne *(ama)* als um Namen, bleibende Eigenschaften einer
Person oder Sache, Lage einer Lokalität u. dgl. mehr; vgl. Körnig
S. 17 ff. — Eigentümlich ist, dass Gautier und De Wailly
in ihren (antikisierenden) Übersetzungen manches *fut* und *eut* mit
unterlaufen lassen (bevorzugte Formen), während der letztere im
Kommentar zu Joinville, S. 533, das hier angeführte *ama* als
im Neufranzösischen unmöglich bezeichnet. — Diese Anwendung des
Perfekts ermöglicht eine nachdrückliche Verbindung wie die folgende:
Sur toutes choses luy estoit et fut deffendu le mestier de, etc.
(*100 nouv. nouv. I, 160*).

Gegen Imperfekt II, α, 1.

Roland 764: *Quidas (Gautier: croyais) li guanz me
caïst en la place, Cum fist à tei li bastuns devant Carle!* (aber

du irrst dich). — 1192: *Traǐt vus ad ki à guarder vus out* *(Gautier: devait).*

Rutebeuf II, 124: *Je cuidai qu'il fust un hermites,* *Et il est uns faus ypocrites.*

Alexis IV, 93: *Droit au port de Coursant cuidiérent ariver, Mez le dous Jhesu Crist fist la barque tourner.*

Roland 1192 könnte auch dem Imperfekt II, β gegenüber gestellt werden. Übrigens ist das Perfekt in der abgebrochenen Handlung selten.

––––––––

Gegen Imperfekt II, α, 2.

Léger 3: *Quant enfes fut, donc a cels temps Al rei lo duistrent sui parent.*

Alexis 43: *Eist de la nef e vait edrant a Rome. Vait par les rues dont il ja bien fut cointes.*

Roland 2095: *Ço dist la Geste e cil ki el' camp fut* *(Gautier: était).*

Crestien, Cligés 4662: *Cligés qui ce ot et escote Sist sor Morel, s' ot armeüre Plus noire que more meüre.* — Löwenritter 1193: *Mes sire Yvains la ou il jut N'onques por ce ne se remut.* — 6494: *Et li lions ne vint pas lant Vers son seignor la ou il sist.*

Résurrection du sauveur 20: *Dunt si cum il alèrent* *(Michel: allaient) là, Un par veie lur demanda, etc.*

Flore et Jeanne 126: *Et s'atira molt richement comme cil ki ot bien de coi.*

Auc. et Nic. 12: *Li vallés fu grans et fors, et li cevax, sor quoi il sist, fu remuans.* — 42: *En le cambre se sont mis, La u Nicholete sist.*

Villehardouin 20: *Quant Joffrois li mareschaus de Champaigne passa (De Wailly: passa, Du Cange: passoit) Moncenis, si encontra le conte Gautier de Brene.* — 36: *Lors comence li cuens de Flandre à baillier quanque il ot (De Wailly: avait).* — 170: *Endementres que ce fu (De Wailly: se passait), l'empereres Baudoins ot fait ses afaires vers Salenique.*

Rutebeuf II, 8: *L'autrier 1 jor jouer aloie Devers l'Auçoirrois Saint-Germain... Si vit Charlot enmi ma voie, Qui le barbier tint par la main, Et bien mostroient toute voie Qu'ils n'erent pas cousin germain.*

Joinville 234: *Tandis que li roys oy (De Wailly: ouït) ses graces, je alai à une fenestre ferrée.*

Jean de Condé I, 174: *La veïst on moult rice atour Des dames et des damoisielles, Dont à fuison y ot de bielles, Qui sour 1 escafaut seoient.*

Vgl. Körnig, S. 15 f., 26; über die Nebensätze der Zeit, Mätschke S. 12 f.

Gegen Imperfekt II, α, 3.

Léger 10: *Un comte i a u t, prist ent l'estrit.*

Alexis 3: *Pois icel tens que Deus nos vint salver Nostre anceisor ovrent cristientet, Si f u t uns sire de Rome la citet.*

St. Nicholas 162: *En sa vie trouvons lisant Que jadis f u (Michel:fut) uns rois paiiens Qui marchissoit as crestiens.*

Villehardouin 2: *Sachiez que mil et cent et quatre-vinz et dix sept anz aprés l'Incarnation Nostre Sengnor Jesu Crist ... o t (De Wailly : eut) un saint home en France, qui ot nom Folques de Nuillis.*

Rutebeuf II, 94: *Jadiz o t en Egypte 1 roi, etc.*

Jean de Condé II, 112: *Uns homs f u qui ot III amis, etc.*

Les 100 nouv. nouv. I, 41: *En la ville de Valenciennes e u t naguères ung notable bourgeois. — 57: En la duchié de Bourgoigne e u s t naguères ung gentil chevalier ... qui marié estoit à une belle et gente dame.*

Vgl. Körnig S. 16 f. — Während De Wailly das *ot* bei Villehardouin in seiner Übersetzung beibehält, bezeichnet es Bastin (und mit Recht) als dem jetzigen Sprachgebrauch widerstreitend (*Revue de l'instruction publique en Belgique* XXVI, 255).

Gegen Imperfekt III, α.

Léger 9: *Ço controverent baron franc, Por ço que fut de buone feit, De Chelperin feissent rei.*

Roland 2784: *Fuiant s'en vint, qu'il n'i p o u t mais ester.*

Joinville 282: *Il envoia bien quatre mille Turs bien atiriés à Gadres ... pour ce que il s o t (De Wailly : savait) bien que, etc.*

Vgl. Körnig, S. 24 f.

Gegen Imperfekt III, β.

Passion 40: *Sanct Pedre sols veinjar lo vol: Estrais lo fer que al laz o g.*

Léger 27: *Ambes levres li fait talier, Anc la langue que aut en quieu.*

Roland 383: *Hier main sedeit l'Emperere suz l'umbre; Vint i sis niés, out vestue sa brunie ... En sa main t i n t (Gautier: tenait) une vermeille pume.*

Crestien, Cligés 4816: *Les armes qu'il porta le jor Comande que soient repostes.*

Rutebeuf II, 291: *Cele qui n'ot lange ne fautre, Ne linge n'autre couverture N'osa pas monstrer sa figure.*

Gegen Imperfekt III, γ.

Roland 1123: *Se jo i moerc, dire poet ki l'avrat, Que ele fut (Gautier : était) à nobilie vassal. — 1940: Quant paien virent que Franceis i o u t poi, Entr'els en unt e orgoill e confort.*

Vgl. **Körnig, S. 28 ff.**

Flore et Jeanne 155: *Et elle respondi ke che fu de par Dieu, et ke elle en parleroit à ses amis.*

Überhaupt ist dieses Perfekt selten, wofern nicht z. B. ein längerer Traum in selbständige Erzählung übergeht, wie **Jean de Condé II, 1.**

Gegen Imperfekt III, δ.

Villehardouin 12: *Et il baillerent les lettres lor seignors, si se merveillerent mult por quel afaire il erent venu en la terre. Les lettres erent de creance; et distrent (De Wailly : disaient; Du Cange : portoient) li conte que autant les creist en comme lor cors. — 80: Et paroles i ot (De Wailly : avait) de maintes manieres es lettres que li livres ne raconte mie; et après les autres paroles qui furent, si furent de creance, que l'on creist celui qui les avoit aportees.*

Gegen Imperfekt III, ε.

Léger 3: *Al rei lo duistrent sui parent Qui donc regnevet a cel di: Ço fut Lodiers fils Baldequi. — 34: Guardat, si vit grant claritet : De ciel vindret, fut de par Deu.*

Roland 207: *Dous de voz cuntes a l'paien tramesistes, L'un fut (Gautier: était) Basanz e li altre Basilies.*

Villehardouin 4: *Si avint que Tibauz, quens de Champaigne et de Brie, prist la croiz... et ce fut (De Wailly: fut) à l'entrée des Avenz.* — 28: *Ensi fina li cuens et morut, don granz domages fu; et bien fu droiz, car mult ere hals ber et bons chevaliers.* — 28: *Mult le tindrent bien li troi, et li quarz malvaisement; et ce fu (De Wailly und Du Cange: fut) Roberz de Bove.*

Jean de Condé I, 190: *Car des ·X· abati les VI, Et l'un II fois, ce fu li rois.*

Vgl. Körnig, S. 20. — In neuerer Zeit steht noch ein *fut* in ähnlichen Stellungen; siehe Perfekt IX.

Gegen Imperfekt VII, *a.*

Crestien, Cligés 1135: *Chascuns a le suen hernois pris. Tuit li doze furent d'un pris, Armes et robes et cheval; Meis autant valut par igal Li hernois au cors Alixandre, Qui le vosist prisier ou vandre, Con tuit li autre doze firent.* — 4030: *A son col pant par les enarmes Un escu d'un os d'olifant Tel qui ne brise ne ne fant, Ne n'i ot color ne painture, Tote fu blanche d'armeüre. Et li destriers et li hernois Toz fu plus blans que nule nois.*

Vgl. Körnig, S. 17. — Ein weiteres Beispiel aus *Aliscans,* unten.

Die in diesem Abschnitte gesammelten altfranzösischen Fälle würden — mit Ausnahme des einen oder andern *fut* und *eut* — im Neufranzösischen unmöglich oder wenigstens ungewöhnlich sein. In der That bezeichnen sie einen Hauptunterschied in der Syntax und im Stil des Alt- und Neufranzösischen. Sie haben auch schon längst die Aufmerksamkeit der Syntaktiker auf sich gezogen; am ausführlichsten sind sie von Körnig behandelt worden, weshalb auch auf ihn hingewiesen worden ist.

Dass das Perfekt, besonders die Formen *fui*, *habui* schon im Latein auf das Gebiet übergreifen konnte, wo das Imperfekt eben so gewöhnlich und dem Charakter beider Tempora gemäss natürlicher war, wurde im Vorstehenden mehrmals bemerkt; siehe I, 15, 16, 26. Im Latein ist also der Ursprung der so geläufigen Bevorzugung des Perfekts in dem Altfranzösischen zu suchen. Diese Bevorzugung, schon im Lateinischen eine Äusserung des Hinwegsehens von

jedem Beziehungsverhältnis, musste aber in einem Stile, wo die
Handlungen kaum in andere Relation zu einander als die der Aufeinanderfolge gestellt wurden, wo Motivierung und Reflexionen fehlten,
wo Beschreibungen selten waren, wo also nur Thatsachen nackt,
meist parataktisch an einander gereiht wurden, sehr begünstigt werden, und zwar in dem Maasse wie der Stil diese Eigenschaften besass.
Wenn dabei kürzere Bemerkungen, z. B. über Namen, Stand, Alter,
Anzug, Stellung der auftretenden Personen eingestreut werden, geschieht es oft, dass auch sie als selbständige Angaben, fast als
Fakta betrachtet werden, statt in ein Verhältnis der Unterordnung
eingefügt zu werden, was für sie bei kunstreicherem Stil das natür-
lichste wäre. Dass die fragliche Erscheinung mit einer logischen
Loslösung und Freistellung der Nebenumstände im Zusammenhang
steht, wird um so wahrscheinlicher, wenn man die Thatsache bedenkt,
dass das Imperfekt, wenn es später mehr zur Anwendung kommt,
z. B. bei Villehardouin und Joinville, in eminentestem Grade
als eine Form der Beziehung erscheint, die in dem zeitlich bezogenen
Satz, im Kausalsatz, im ausführenden Konsekutivsatz und in der
indirekten Rede ihren sichersten Platz hat.

Im ältesten Französischen kam so das Perfekt dazu, auf das
Gebiet, das in mehr entwickeltem Stil dem Imperfekt angehören
musste, in bedeutendem Grade überzugreifen, ohne jedoch dieses
Tempus aus irgend einer seiner Stellungen völlig zu verdrängen.
Wenn man Heldenthaten berichtet, geschieht es folgendermassen:

Li quens Guillames et li païens josta;
Leur escus perchent, cascuns haubers fausa,
Et li uns l'autre dedens le cors navra
Si ke li sans contre terre en raia.
De grant aïr li uns l'autre hurta,
Leur çaingles rompent, cascuns poitraus quassa.
Gambes levées Guillames trebucha
Et Aerofles à terre reversa.
Cascuns des elmes enz el sablon ficha
Si ke li cercles et li nasiaus brisa,
E par leur bouces li clers sans lor raia.
Ainc des destriers nus ne se remua;
Cil au paien haini et braidouna;
Sele eut el dos où molt fort çaingle a,
Si bien se tient onqes ne deboucla.
Li Sarrasins prumerains releva;
Grans fu et fors, mès onqes Dieu n'ama;
Traite a l'espée et l'escu enbracha.
Si com Guillames contremont se drecha,
Parmi son elme li païens l'asena u. s. w.

(**Aliscans**, ed. **Guessard**; V. 1241 ff.).

Oder wenn man eine Heiligenbiographie schreibt, kann sie folgenderweise lauten:

> *Huimais oreiz de la barnesse,*
> *Cum aemplit ceste promesse.*
> *Parfitement fut deu amie,*
> *Si li portat teil companie,*
> *Ainc ne par conte ne par roi*
> *Ne li deniat mentir sa foi;*
> *Mais puis ses cors fut travilliez*
> *Et tormenteiz et enssilliez;*
> *Sele en soffrit les granz dolors,*
> *Ele en conquist les granz honors;*
> *La glore deu en barguiniat;*
> *Et paradis en achatat.*
> *Bieneüros qui si feront,*
> *La deu glore en acheteront.*
> *Li bors ot nom Nichomedie,*
> *U la pucele fut nurrie;*
> *Et Affricanz ot nom ses pere,*
> *Mais trop par fut tiranz et lerre.*
> *Cil Affricans fut un paiens,*
> *Si n'amat onkes crestoiens,*
> *Unkes nule mercit n'en ot;*
> *Se il les vit, u il les sot,*
> *Mut tost les fist toz demembreir*
> *Et tormenteir et decoleir.*
> *Clameit a Rome enpereor*
> *A cel tens furent dui sanior;*
> *Li uns out nom Maximijens,*
> *Et li altres Ethiochens.*
> *Ceste virgene fut a lur tens,*
> *Et servit deu de tot son sens.*

(Vie de sainte Juliane, [1]) V. 55 ff.).

Sogar eine fortgesetzte Beschreibung wird im Perfekt ausgeführt:

> *Atant li est uns destriers amenés*
> *Noir comme meure, mais blans ot les costés,*
> *Et par les piés fu devant virolés.*
> *Ample viaire et fu destre comés;*
> *Plate a le jambe, les piés vautis coupés;*
> *Large ot la crupe et fu haut encoués.*

---

[1]) Herausgegeben von H. von Freilitzen als Appendix zu *Liver del juïse*. Upsala 1883.

Ainc por ahan n'ot les flaus tressués;
Li Margaris, issi fu apelés.
Nes fu d'Arcage, d'un estrange regnés.
Sele ot d'ivoire dont il fu enselés;
Molt par fu bien li destriers acesmés,
Bien fu covers d'un vert elme fresés.

(Aliscans V. 8026 ff.).

Diejenigen Gedichte, in denen auf diese trockene Weise von
That zu That geeilt wird, ohne Rücksicht auf das Nebenliegende,
weisen demgemäss einen ausserordentlichen Reichtum an Perfekten
auf, selbst in den kurzen Bemerkungen oder Beschreibungen, die
sie sich erlauben. Zu ihnen gehören alle die ältesten: die Passion,
Leodegar, Alexis, Roland; ferner die meisten poetischen
Heiligenleben wie Brandan, Saint Gilles, Juliane, die
anglonormannische Vie de Marie l'Egyptienne; die Mehrzahl der
alten *chansons de geste*, wie Aliscans, Amis et Amiles, Jourdain de Blaives, Alexander, Aiol, Elie de Saint
Gille, Gaydon, auch noch Baudouin de Sebourc im
XIV. Jahrhundert. Es herrschte bekanntlich in den Litteratur-
produkten dieser Gattungen ein stereotyper Stil, der auch in Bezug
auf das Perfekt und Imperfekt unveränderlich war.

Um die Mitte des zwölften Jahrhunderts entsteht indes mit
einer neuen Dichtungsart eine neue Stilrichtung neben der bis dahin
herrschenden. Man fängt an, die Handlungen zu motivieren und in
Verbindung mit einander zu setzen, zahlreichere und ausführlichere
Beschreibungen hineinzuflechten, über das Geschehene zu reflektieren,
die Personen in eine Mitte, die Handlungen in einen Hintergrund
zu setzen. Dabei bedient man sich mehr der Unterordnung und bildet
dieselbe aus. Einen solchen Stil vertreten z. B. Crestien de Troyes
und der Verfasser des Gedichts von Floire und Blanchefleur.

Im Cligés heisst es z. B.

Devant l'anpereor son oncle
Estoit Cligés desafublez.
Un po fu li jorz enublez;
Mais tant estoient bel andui
Antre la pucele et celui,
Qu'uns rais de lor biauté issoit,
Don li paleis resplandissoit
Tot autresi con li solauz
Reluist au main clers et vermauz.

(V. 2752 ff.).

Im Eingang von Floire und Blanchefleur findet sich folgende
Stelle:

En une cambre entrai l'autrier,
Un venredi apres mangier,

2*

Por deporter as domoiseles,
Dont en la cambre auoit de beles.
En cele cambre un lit auoit,
Qui de paile aornés estoit.
Moult par ert boins et ciers li pailes:
Ainc ne uint miudres de cesaile.
Li pailes ert ourés à flors,
Dindés tirés bendés et ours.
Illoec m'assis por escouter
Deus dames que j'oi parler.
Eles estoient doi serour,
Ensamble parloient d'amor.
Les dames erent de parage;
Cascune estoit et bele et sage.
L'ainsnee d'une amor parloit
A sa seror que moult amoit,
Qui fu ja entre deus enfans.

(V. 33 ff.. ed. Bekker).

In diesem Gedichte kommen mehrere ausführlichere Beschreibungen vor, z. B. die des Verhältnisses des Helden zur Heldin,
V. 221 ff., die des fingierten Grabmals über Blanchefleur, V. 555 ff.,
die der Stadt Babylon, V. 1787 ff. (die letzte jedoch im Präsens),
u. s. w.

In Folge dieser Darstellungsweise wird natürlich das Imperfekt
öfter in Anspruch genommen, obwohl das Perfekt immer noch
konkurrierend daneben steht. Einige Zifferangaben mögen dieses
Verhältnis veranschaulichen. Im Elie de saint Gille, der im echten
chanson-de-geste-Stil verfasst ist, finden sich nur 73 Imperfekte[1]
gegenüber etwa 115 Perfekten,[2] die nach jetziger Anschauungs-
weise durch Imperfekta ersetzt werden müssten. Im Cligés dagegen sind die entsprechenden Zahlen 250 und 50.[3] In der ältesten
Version des Alexius verhalten sich Imperfekte und Perfekte
(jeder Art) wie 14: 100; in der Version des XIV. Jahrhunderts
wie 31 : 100.

Im dreizehnten Jahrhundert ist der pragmatischere Stil, und
damit die häufigere Benutzung des Imperfekts, schon öfters anzutreffen. Etwa wie im Cligés verhalten sich die Perfekte und

---

[1] Hierbei sind — wie überall in ähnlichen Berechnungen — die
Imperfekta der Konditionalsätze nicht mitgezählt worden.
[2] Die Mehrzahl dieser Perfekta bilden indes *ot, fu;* es finden sich
weiter einige *sist, jut, s'estut,* aber eigentümlicher Weise kein *tint,*
nur *tenoit.*
[3] Es sind fast ausschliesslich *ot, fu,* einige *sist, tint,* selten
andere.

Imperfekte bei den talentvollen Dichtern Raoul de Houdenc, Adenet le Roi, im Chevalier as II espees, Mahometroman,[1]) Gaufrey, bei Rutebeuf, im Roman de la rose (beiden Teilen), u. a. Bei den Dichtern des vierzehnten Jahrhunderts macht das Imperfekt nur wenig Fortschritte, was z. B. der jüngere Condé und Deschamps beweisen. Im fünfzehnten Jahrhundert trifft man z. B. bei Alain Chartier noch manches ot, fu, gelegentlich auch andere Perfekte in Fällen, wo man jetzt das Imperfekt setzen würde. Charles d'Orléans und Villon dagegen haben kaum dergleichen Perfekta, die im sechzehnten Jahrhundert wohl zu den seltensten Ausnahmen gehören.[2])

Ein wenig verschieden liegen die Verhältnisse in der Prosa. Sie fängt zwar ähnlich wie die Poesie an, wenn man nämlich die Vier Bücher der Könige zur Prosa rechnet. Körnig[3]) hat darauf aufmerksam gemacht, dass das Perfekt hier äusserst reichlich verwendet worden ist, oft sogar den Imperfekten des lateinischen Originals entsprechend. Die alten Prosaübersetzungen des Psalters sowie die Uebersetzung der Dialoge Gregors folgen ihren lateinischen Originalen in dieser Hinsicht vollständig.[4])

Schon um die Wende des dreizehnten Jahrhunders scheidet sich Villehardouin ganz bestimmt von den Büchern der Könige. Im ersten Buche der Könige sind die Imperfekta nur 103 an Zahl, während die Perfekta, die lateinischen oder neufranzösischen Imperfekten entsprechen würden, etwa 220 sind. Bei Villehardouin dagegen finden sich 920 Imperfekte gegen etwa 100 Perfekte, die im Neufranzösischen durch Imperfekta ersetzt werden müssten und auch in der Übersetzung De Waillys grösstenteils so auch ersetzt worden sind.[5]) Bei dem wenig jüngeren Henri de Valenciennes, dessen Geschichte des Kaisers Heinrich den Umfang von etwa der Hälfte von Villehardouins Geschichte beträgt, finden sich ungefähr 28 auffallende Perfekta, von denen 19 in De Waillys Übersetzung durch Imperfekte wiedergegeben worden sind. Der Stil Henris ist

---

[1]) Vgl. die Dissertation über die Sprache dieses Romans von Peters, S. 68 f.
[2]) Für Robert Garnier konstatiert z. B. Haase, dass „das historische Perfektum und das Imperfektum in ihrem Gebrauche vollständig geschieden" waren (S. 42). — Ein Beispiel für fut = était aus Clément Marot bringt Gräfenberg, Beiträge S. 84.
[3]) Neulich auch Köhler, S. 57.
[4]) Die Übersetzung der Dialoge gelangt auf diese Weise dazu, das Perfekt und Imperfekt fast gänzlich wie im Neufranzösischen zu behandeln. — In den beiden übrigen Übersetzungen sind, dem Inhalt gemäss, die Tempora der Vergangenheit relativ selten.
[5]) Er hat doch dadurch, dass er seiner Uebersetzung eine stark antikisierende Färbung gab, 40 solche Perfekta beibehalten; er übersetzt z. B. ot a nom mit eut nom ("hiess"). Du Cange hat in seiner Übersetzung weit mehr solche Perfekta entfernt.

übrigens sehr pragmatisch; folgende Stelle mag als Beispiel dienen (S. 382, § 628): *Et quant Lombart virent chou, si furent durement effréé, por chou ke il savoient bien ke François nes amoient de riens. Il ne desiroient mie molt lor assambler. anchois le resoignoient. Nonporquant il savoient bien ke il estoient assés plus gent ke nostre François n'ierent; et de chou ke il estoient venu si priès d'eus, ne se tenoient il mie por sages. Et chou ke no François véoient ke il se travelloient de lor proies mener en Cristople, les refaisoit auques crueus et engriés viers les Lombars. Molt se tenoient à decheus, se Lombart enmenoient lor proie. Lors baissent les lanches, et poignent les chevaus en escriant: Lombars! banieres desploies.*

Wie Villehardouin verhalten sich in dieser Hinsicht die Mehrzahl der Nouvelles françoises du XIII° siècle, wie Constant l'empereur, Flore et Jehane, La comtesse de Ponthieu, Aucassin et Nicolete. Doch gibt es schon im dreizehnten Jahrhundert Prosaerzählungen, die fast ganz die jetzige Verteilung der Rollen des Perfekts und Imperfekts aufweisen z. B. Amis et Amiles und Les sept sages de Rome[1]). Von Joinville, der das XIV. Jahrhundert einleitet, „kann man sagen, dass bei ihm die moderne Auffassung schon ganz deutlich zu Tage tritt" (Haase, Untersuchungen, S. 85). Einige Ausnahmen sind jedoch besonders für *fu* und *ot* vorhanden. Ein paar Beispiele auffallender Perfekta bringt schon De Wailly zur Sprache, S. 533. Ein bewusstes Festhalten an dem älteren Gebrauch des Perfekts zeigt noch im vierzehnten Jahrhundert der anglonormannische Prosaroman Foulques Fitz Warin: dies dürfte jedoch nicht für das Kontinentalfranzösische massgebend sein; im Gegenteil gewinnt das Imperfekt während dieses Jahrhunderts deutlich an Boden. Im Saint Voyage de Jerusalem von Ogier d'Anglure treten uns ungefähr dieselben Verhältnisse entgegen wie bei Joinville; im Roman de Troïlus dagegen gibt es kaum ein einziges Perfekt, das nicht auch im Neufranzösischen passend wäre. Im fünfzehnten und sechszehnten Jahrhundert werden noch hie und da auffällige *fut* oder *eut*, äusserst selten andere Formen, angetroffen; sie sind aber schon als Ausnahmen zu betrachten. Schlutter gibt dafür Beispiele aus Commynes (S. 11), Ringenson aus Monluc (S. 29);[2]) Aus den 100 nouv. nouv. wurden oben einige *fut* belegt. Spätere Beispiele solcher Perfekta werden unter Abschnitt IX aufgeführt.

---

[1]) Die ältere, von G. Paris für die *Société des anciens textes* herausgegebene Redaktion gehört wohl noch dem XIII. Jahrh. an.

[2]) Ringenson fand bei Monluc noch mehrere Beispiele von *trouva* in auffallender Anwendung; z. B. *Son paige qui se trouva à cheval*; ähnlicher Weise kommt spanisch *halló, hallaron* vor; siehe oben I, 104; italienisch *trovò* I, 223.

Körnig scheint der Ansicht zu sein, dass die Frequenz des Perfekts in Stellungen wie den oben genannten etwa der Volkstümlichkeit der Darstellungsweise proportional sei (S. 14). Dem ist kaum so. Derjenige poetische Stil, in dem das Perfekt am häufigsten zur Anwendung kam, war wenigstens bei Entwickelung des Epos, ein zunftmässiger, unveränderlicher, und somit kein persönlicher oder echt volkstümlicher. In der wirklich populären Dichtungsart der Fabliaux dagegen ist das Perfekt relativ wenig bevorzugt und weit seltener als in der höheren Dichtung. In der Prosa, die wenigstens in ihren Anfängen dem täglichen Ausdrucke nahe steht, kommt daher das Perfekt ebenfalls relativ weniger zur Anwendung. Wenn das erste Prosawerk, die Bücher der Könige, eine Ausnahme hiervon macht, so ist dies sicherlich nicht ohne Zusammenhang mit dessen feierlichem Inhalt und des Übersetzers deutlichem Streben nach poetischer Form. In den romanischen Schwestersprachen war und ist noch immer das Imperfekt entschieden populärer als das Perfekt; im Neufranzösischen liegt ein ähnliches Verhältnis vor, obwohl nicht so stark ausgeprägt (siehe Imperfekt I, a, 2). Es ist nicht wahrscheinlich, dass das entgegengesetzte Verhältnis im Altfranzösischen geherrscht habe, obwohl besondere Anschauungen dem Gebrauch des Imperfekts im Wege standen.

V.

Zusammenfassung.

α)

1) Gesamurteil über einen Verstorbenen, eine verflossene Periode, u. dgl.

Eulalia: *Buona pulcella fut Eulalia.*

Passion 89: *La soa madre virge fu.*

Alexis 1: *Bons fut li siecles al tens ancienor, Quer fut i ert e justise e amor, Si ert credance, dont or n'i at nul prot.* — 68: *Sire, dist il, morz ets tes provendiers, E ço sai dire qu'il fut bons crestiens.*

Joinville 10 f.: *Cis sainz hom a m a Dieu de tout son cuer et ensuivi ses œuvres ... Li sainz roys a m a tant veritei que, etc. ... De la bouche fu-il si sobres que, etc ... En ses paroles fu-il attrempez ... Son vin trempoit par mesure* (De Wailly überall Perf.).

Bossuet, Histoire universelle, II, 24: *Cette minorité se passa fort heureusement.*

Voltaire, Siècle de Louis XIV 296: *Saint-Évremond, retiré en Angleterre, vécut et mourut en homme libre et philosophe.* – 553: *Dancourt, avocat, né à Fontainebleau en 1661, a i m a mieux se livrer au théâtre qu'au barreau.* — 554: *Descartes ... le plus grand mathématicien de son temps, mais le philosophe qui connut le moins la nature.*

Duruy, Histoire de France I, 670: *Ce [François Ier] fut, en bien comme en mal, un prince remarquable ... Il aima les choses de l'esprit, il eut le goût des choses de l'art.*

Dieses Perfekt ist formelhaft in kurzen Biographien, wie in den Beispielen aus Voltaire.

2) Resultat detaillierter Handlungen.

Crestien, Löwenritter 3393: *Il fist que frans et deboneire, Que il li commança a feire Sanblant que a lui se rendoit, Et ses piez joinz li estandoit ... Et puis si se ragenoilloit, etc.*

Villehardouin 10: *Maint consoil i ot pris et doné mais la fins dou conseil si fu* (De Wailly: *fut*) *tels que il envoieroient messages.*

Joinville 304: *Li roys en ot grant consoil; et la fins dou consoil fu tex, que nulz ne loa le roy que il y alast.*

La Fontaine IV, 15: *Un cadet tente aussi l'aventure. Tous perdirent leur temps; le faisceau résista.* — IX, 4: *Un jour dans son jardin il vit notre écolier, Qui ... Gâtait jusqu'aux boutons ... Même il ébranchait l'arbre, et fit tant à la fin Que etc.* — IX, 7: *Et les mortels crédules De courir à l'achat; chacun fut diligent. On essuyait force grimaces, Puis on avait pour son argent, etc.*

Voltaire, Siècle de Louis XIV, 224: *Telle fut la célèbre bataille qui. en France, a le nom d'Hochstedt.*

Chateaubriand, Atala 39: *Telles furent mes paroles* (von dem soeben Gesagten). — 41: *Notre promenade fut presque muette. Je marchais à côté d'Atala; elle tenait le bout de la corde, etc.*

Sainte-Beuve, Lundis IV, 219: *Enfant, il avait des maîtres de toute sorte, mais il n'en prenait qu'à son aise. Il lisait et écrivait continuellement pour Mme de Pompadour ... Son enfance fut celle d'un enfant gâté.*

Duruy, Histoire de France I, 421: *Un de ses derniers actes ... fut la cession qu'il fit à son fils, Philippe le Hardi, du duché de Bourgogne.*

Bel-Ami 25: *Il avait envie de s'excuser, d'inventer une raison pour expliquer les négligences de sa toilette; mais il ne trouva rien, et n'osa pas toucher à ce sujet difficile.*

Dieses Perfekt verbindet sich leicht mit *ainsi, enfin, dernier* und ähnlichen abschliessenden Ausdrücken. — Vgl. für das Altfranzösische Körnig, S. 13, für das Neufranzösische Hölder, S. 63, Ulbrich, S. 116, Robert S. 166.

3) Bei angegebener Dauer.

Alexis 33: *Dis e set anz, n'en fut nient a dire, P e n u t son cors el damne Deu servise.*

Villehardouin 48: *Ensi d u r a cil asals bien par cinq jorz.*

Henri de Valenciennes 378: *Là furent* (De Wailly: *on fut*) *trois jours.*

Rutebeuf II, 265: *XVII ans m e n a tel vie; Mès de l'autrui n'avoit envie.*

Joinville 10: *Je, Jehans sires de Joinville, seneschaus de Champaigne, faiz escrire la vie notre saint roy Looys, ce que je v i et o y par l'espace de sis anz, que je f u en sa compaignie.* — 378: *Je f u bien vint-dous ans en sa compaignie* (De Wailly: beide Male Prf.).

Les 100 nouv. nouv. I, 90: *En la ville de Brucelles ... demeuroit n'a pas long tems ung jeune compaignon picart qui s e r v i t très bien et loyaument son maistre assez longue espace.*

Rabelais 21: *Gargantua, depuis les troys iusques a cinq ans, f e u t n o u r r y et i n s t i t u é en toute discipline conuenente, par le commandement de son pere; et celluy temps p a s s a comme les petitz enfans du pays.*

Fénelon, Télémaque 48: *Les tritons, les néréides ... sortoient de leurs grottes ... Une troupe de jeunes Phéniciens d'une rare beauté ... d a n s è r e n t long-temps les danses de leur pays ... De temps en temps des trompettes faisoient retentir l'onde ... Le silence de la nuit, le calme de la mer ... servoient à rendre ce spectacle plus beau.*

Voltaire, Siècle de Louis XIV, 4: *En France, les peuples f u r e n t esclaves jusque vers le temps de Philippe-Auguste; les seigneurs f u r e n t tyrans jusqu'à Louis XI.* — 98: *Fils d'un meurtrier, et né dans la prison où son père fut e n f e r m é quatorze ans, il était parvenu à l'evêché de Munster.* — *Ce défaut ne d u r a pas longtemps* (als nachträgliche Bemerkung) — 349: *Je f u s quelque temps à penser, etc.*

Musset, Margot 576: *On y sentait comme un reste de parfum de ces soixante années de folie où r é g n a le roi bienaimé.*

Daudet, Le petit Chose 3: *Cela dura ainsi pendant deux ans; pendant deux uns la fabrique agonisa.* — 116: *Pendant un mois, j'écrivis en moyenne deux lettres de passion par jour.*

Bel-Ami 133: *Pendant quinze jours il vécut d'une vie économe, réglée et chaste.*

Die Anwendung des Perfekts bei Angaben bestimmter Dauer ist so sehr geboten, dass De Wailly in folgendem Satz Joinvilles: *Diex, en qui il mist sa fiance, le gardoit touz jours dès s'enfance jusques à la fin* das Imperfekt auffallend und vom Standpunkte des Neufranzösischen unmöglich findet (Joinville, S. 533). Auch im Altfranzösischen ist ein solches Imperfekt eine Ausnahme; vgl. Schlutter (S. 17 ff.). Über das Perfekt der bestimmten Dauer im Neufranzösischen ist besonders Bertram, a. O. S. 57, zu vergleichen (auch Plattner, S. 203).

β) **Durch zusammenfassende Wörter näher bestimmt.**

1) Bei *toujours* und ähnlichen Wörtern.

Léger 7: *Co sempre fut et ja si iert: Qui fait lo bien lodez ent iert. Et sanz Ledgiers sempre fut buons, Sempre fist bien o que il puot* (Attraktion).

Flore et Jeanne 147: *Si l'en ama mius tous les jours de sa vie.*

Henri de Valenciennes 326: *Et je vous assoil, de par Diu, de toz les pechiés ke vous onques feistes* (De Wailly: *fîtes jamais) jusques au point d'ore.*

Rutebeuf II, 153: *Tu iez suers, espouse et amie Au Roi qui toz jors fu et ère.*

Joinville 2: *La première partie si devise comment il se gouverna tout son tens selonc Dieu et selonc l'Eglise.*

Rabelais 16: *Dont toute sa vie en eut l'emolument tel que sçauent les medicins gregeoys.*

La Fontaine VI, 19: *Le monde n'a jamais manqué de charlatans; Cette science, de tout temps, Fut en professeurs très fertile.*

Voltaire, Siècle de Louis XIV, 280: *Il faut avouer que Louis eut toujours dans l'âme une élévation qui le portait aux grandes choses en tout genre.* — 408: *Les vers furent partout les premiers enfants du génie.*

Musset, Namouna III, 7: *Hassan toute sa vie aima les Espagnoles.* — **Il ne faut jurer de rien I, 1:**... *qui toute sa vie fut d'humeur douce.*

Mendès, L'homme tout nu 136: *Vous ne sortez jamais de ce trou?* — *Jamais.* — *Vous y fûtes toujours seul?* — *Toujours.*

Wie gut das Perfekt für das immer Geltende passt, zeigt unter anderm ein von Seeger (S. 16) angeführtes Beispiel: *Le roi était et fut constamment le maître absolu et redouté de toute sa famille.* Indes haben die Grammatiker im Allgemeinen diesen Fall übersehen; nur von Schlutter (S. 37) und Rabbinowicz (S. 106) ist er beobachtet worden. — Hierher gehört auch das von Ayer, S. 395, angeführte gnomische Perfekt: *Le temps détruisit toujours les liaisons des méchants,* was jedoch als Seltenheit einer griechischen Grammatik entnommen ist. Auch das Beispiel Siècle de Louis XIV, 408 kommt einer gnomischen Sentenz sehr nahe. — Nicht immer ist bei *toujours* und ähnlichen Wörtern die Anschauung die der Zusammenfassung. So z. B. ist in *Il s'exprimait toujours noblement et avec précision* (Siècle de Louis XIV, 347) der Gedanke mit Notwendigkeit auf die wiederholten Fälle, auf die Gewohnheit gerichtet; ebenso z. B. *Depuis lors, quand il me parla, ce fut toujours du bout des lèvres d'un air méprisant. Jamais il ne m'appela par mon nom; il disait toujours: 'Eh! vous, là-bas, le petit Chose* (Le petit Chose 22). — *J'avais toujours devant moi... l'horrible fée aux lunettes* (ibid. 54) bezeichnet einen andern gewöhnlichen Fall, wo *toujours* 'fortwährend' bedeutet, und die Anschauung die des noch zu jener Zeit Dauernden sein muss.

2) **Bei zwei Handlungen, die sich gegenseitig begrenzen.**

Léger 9: *Quandis vesquit cil reis Lodiers, Bien honorez fut sanz Ledyiers.* — 12: *Quandis al son conseil edrat, Encontre Dieu bien se guardat; Lei consentit et observat, Et son regnet bien dominat.*

Crestien, Cligés 5214: *Fu il i lors, quant ie i fui?* — *Oïl, meis ne le coneüstes. Tant i fu il, con vos i fustes.*

Flore et Jeanne 99: *Et dist li contes ke la dame se maintint molt sinplement tant comme ses sires fu en la voie.*

Joinville 234: *Onques ne parla à moy tant comme li mangiers dura.* — 356: *Et ainsi le fiz-je tant comme nous fumes en mer.*

Jean de Condé I, 2: *Mais tant qu'il fu en sa jouvente
N'ot point cure de mariage; Tant que il fu de grant eage Et
que as armes pau aloit, Ne marier ne se vouloit.*

La Fontaine IV, 15: *Tant que dura son mal il n'eut
d'autre discours.*

Voltaire, Siècle de Louis XIV 78: *Le pape différa tant
qu'il put la réparation.* — 287: *C'était peu de chose en compa-
raison de ce qu'on vit quand le roi régna par lui-même.*

Scribe, Bertrand et Raton II, 7: *Tant que je fus
accueilli par votre père, tant que j'étais admis par lui sous
son toit hospitalier, j'aurais cru manquer á la probité... en
trahissant un secret, etc.*

Mendès, L'homme tout nu 180: *Tant que purent courir
ses jambes, et qu'un souffle lui resta, elle ne perdit point les
traces des ravisseurs.*

———————

Macht sich der Gesichtspunkt der gleichzeitigen Ausdehnung
geltend, so wird das Imperfekt angewandt (Imperfekt II, γ), was
jedoch bei *tant que* selten ist; vgl. für das Altfranzösische, Mätschke,
S. 9 f.; für das Neufranzösische Bertram, a. O. 57 ff. Bisweilen
werden die beiden Gesichtspunkte mit einander verbunden, so dass
nur der durch *tant que* begrenzte Satz im Perfekt ausgedrückt
wird, wie im letzteren Teil des aus Condé zitierten Beispiels.
Vielleicht ist auch so zu beurteilen Siècle de Louis XIV 104:
*Tandis que la maison du roi et les meilleures troupes de cavalerie
passèrent sans risque au nombre d'environ quinze mille hommes,
le prince de Condé les côtoyait dans un bateau de cuivre.* Ein
solcher Wechsel, der im Neufranzösischen kaum statthaft ist (vgl.
Lücking, S. 222), wurde im Altfranzösischen leicht geduldet,
(vgl. Körnig, S. 26). Seltener dürfte sein, dass der Gesichtspunkt
in zwei einander unmittelbar folgenden Nebensätzen, wie im Zitate
aus Scribe, wechselt.

———————

γ) Bei Wiederholung.

Alexis 48: *Sovent le virent e li pedre e la medre.*

Flore et Jeanne 147: *Et ala mesire Robiers souvent
as tournoiemens aveukes son segnor.*

Villehardouin 128: *Et cil emperere Morchuflex si fist
le fil que il avoit en prison, deus foiz ou trois enpoisoner; et ne
plot Deu que il morust.*

Rutebeuf II, 278: *Le flun passa, el bois en vint: Sovent
de celui li souvint Qu'ele avoit mise en ostage Et l'eglise devant*

l'ymage. — II, 280: *Chascun jor en m e n j a Marie, Mès ce fu petite partie.*

J o i n v i l l e 112: *Trois foiz nous g e t e r e n t le feu greyois, celi soir, et le nous l a n c i e r e n t quatre foiz à l'arbalestre à tour.* (Fortsetz.: *Toutes les foiz que nostre sains róys o o i t que il nous getoient le feu grejois, il s'en e s t o i t en son lit et t e n d o i t ses mains vers Nostre Signour).*

R a b e l a i s 235: *La estoit ung sycomore anticque : elle l' e s c r o u l a par troys foys.* — 242: *Cestuy changement de mains r e i t e r a par neuf foys.*

V o l t a i r e , S i è c l e d e L o u i s XIV, 55: *La victoire d e m e u r a souvent indécise entre Black, l'amiral anglais, et Tromp, l'amiral de Hollande.* — 411: *Ce défaut [de se faire valoir] dura longtemps. Molière l' a t t a q u a souvent.*

M u s s e t , M a r g o t 578: *Il a r r i v a bien quelquefois que le jeune homme... se d i t en traversant la cour: Pourquoi cette petite fille n'est-elle pas couchée? Il a r r i v a encore qu'en faisant sa toilette, il j e t a sur Margot un coup d'œil distrait qui la pénétrait jusqu'à l'âme; mais elle détournait la tête aussitôt.* — 584: *Je laisse à penser dans quel trouble ces paroles jetèrent Margot; elle se les r é p é t a cent fois jour et nuit.*

D a u d e t , L e p e t i t C h o s e 59: *Je me sentais rougir. Dix fois je f u s sur le point d'interrompre mon collègue et de lui demander: Et les yeux noirs? Mais je n'osai pas.*

B e l - A m i 67: *Duroy se mit à lire son article; et plusieurs fois il d i t tout haut: "Très bien, très bien!"* — 231: *Elle m u r- m u r a deux ou trois fois de suite: Alexandre, Alexandre.* — 391: *Pendant le reste de l'hiver, les Du Roy allèrent souvent chez les Walter. Georges même y dînait seul à tout instant.*

Die durch exakte Ziffernangaben bestimmte Wiederholung dürfte wohl nur unter ganz besonderen Umständen durch das Imperfekt ausgedrückt werden. Vgl. R o b e r t , S. 164: *"Il me le répéta trois ou quatre fois; mettez: r é p é t a i t et vous donnez à entendre p. e. que votre interlocuteur voulait par là mieux vous persuader, ou bien que vous vous refusiez à le croire sur parole, ou enfin, telle autre circonstance accessoire;"* D e l b e u f , S. 151: *"Mais si le nombre des répétitions est précisé, ou simplement indiqué par un terme qui annonce la possibilité de le préciser, on ne peut plus se servir que du passé défini: Vingt fois, nombre de fois, plusieurs fois Louis XIV fit des excès de table".* — Von der unbestimmten Wiederholung sagt derselbe D e l b e u f , ebendaselbst: „*Si le nombre des répétitions est indiqué par un terme vague, l'imparfait et le passé défini peuvent s'employer presque indiffé-*

remment l'un pour l'autre: Il arriva ou il arrivait quelque-fois, maintefois, rarement, souvent, à Louis XIV de manger beaucoup". — Möglich ist, dass im Altfranzösischen die unbestimmte Wiederholung häufiger durch das Perfekt ausgedrückt wurde als jetzt. Darauf deuten besonders die Beispiele aus Rutebeuf hin; für die Temporalsätze bringt Körnig einige bemerkenswerte Bei-spiele, S. 27.

δ) Negativ = Ausschliessung.

Passion 44: *Non fud trovez ne envenguz: Quar el fors-fait no feist neul.*

Alexis 108: *Onques en Rome nen out si grant ledice Com out le jorn as povres et as riches.*

Roland 637: *Bien i ad or, matistes e jacunces...; Vostre emperere si bones n'en out unkes* (Gautier: *n'en eut jamais*).

Crestien, Cligés 1032: *Meis d'une chose me despoir Que cil n'ama onques espoir.*

Auc. et Nic. 7: *Ele avoit blonde la crigne Et bien faite la sorcille, La face clere et traitice. Ainc plus bele ne veïstes!*

Villehardouin 110: *Or poez savoir que mult de cels de l'ost alerent à veoir Costantinople, et les riches palais et les altes yglises, dont il avoit tant, et les granz richesces (que onques en nule vile tant n'en ot)* (De Wailly: *eut*).

Joinville 4: *Par ces choses desus dites on pourra veoir tout che que onques hom lays de nostre temps ne vesqui si saintement.* — 12: *Onques jour de ma vie je ne li oy devisier nulles viandes... ainçois manjoit pacientment ce que ses queus li appareilloit.* — 180: *Salehadins disoit que on ne vit* (De Wailly: *vit*) *onques de mauvais crestien bon sarrazin, ne de mauvais sarrazin bon crestien.*

Jean de Condé I, 192: *Onques plus ne fui em besoing Ne je n'ai eu d'armes soing.*

Rabelais 4: *Car oncques ne veistes homme qui eust plus grande affection d'estre roy et riche que moy.* — 49: *Ilz ent-troyent par tout, et rauissoyent tout ce qu'estoit dedans, et iamais nul n'en print dangier.*

Voltaire, Siècle de Louis XIV, 71: *Il n'y eut peut-être jamais de spectacle plus touchant, ni de révolution plus subite.* — 224: *On a dit et on a écrit... que l'empereur fit ériger dans les plaines de Blenheim un monument de cette défaite... mais ce monument n'exista jamais.*

Beaumarchais, Le mariage de Figaro III, 14: *Jamais cause plus intéressante ne fut soumise au jugement de la cour.*

Musset, Il ne faut jurer de rien II, 1: *Vit-on jamais pareille extravagance?*

Sainte-Beuve, Lundis IV, 135: *Tallemend dit qu'elle n'eut jamais beaucoup de beauté, elle avait surtout de l'agrément.*

Daudet, Le petit Chose 9: *Jamais je n'en pus rien tirer. Malgré cela, je l'aimais beaucoup et j'en avais le plus grand soin.*

———————

Wie bestimmt die Anschauung der Zusammenfassung in dergleichen Verbindungen sich geltend macht, kann man besonders aus den Beispielen ersehen, wo sich das Perfekt im Nebensatz, wie bei Joinville 180, neben einem Imperfekt, wie bei Rabelais 49, Sainte-Beuve, Le petit Chose 9, oder im Gespräch, wie bei Beaumarchais und Musset findet. Gleichwohl hat meines Wissens nur Ulbrich die Zusammenstellung von *jamais* und dem Perfekt bemerkt (S. 115). — Gnomisch kann man das von Ayer aus Boileau gebrachte Beispiel: *Qui ne sait se borner ne sut jamais écrire*, nennen. — Andere Gesichtspunkte können indes, obwohl selten, das Imperfekt mit *jamais* und ähnlichen Wörtern verbinden; z. B. Löwenritter 3960: *Mout vint sinple, mate et teisanz, N'onques ses diaus ne prenoit fin* (war zu der Zeit unendlich]: Siècle de Louis XIV, 68: *Les conférences durèrent quatre mois. Mazarin et don Louis y déployèrent toute leur politique: celle du cardinal était la finesse; celle de don Louis, la lenteur Celui-ci ne donnait jamais de paroles, et celui-là en donnait toujours d'équivoques* (detaillierte Ausführung); Bel-Ami 93: *Forestier entra et lui serra la main avec une familiarité cordiale qu'il ne lui témoignait jamais dans les bureaux de la Vie française* (Gewohnheit). Zahlreiche Beispiele dieser Art bieten unter Andern Rabelais und Daudet.

VI.

Eintretende Handlung.

α) Im allgemeinen.

Roland 383: *Hier main sedeit l'Emperere suz l'umbre; Vint i sis niés, out vestue sa brunie.*

Cumpoz 2005: *Terre ert ilores vaine, De tut en tut baraine; Mais li reis cumandat Que terre fruit dunat.*

Crestien, Cligés 2769: *Si l'ama tant, quant il la vit, Qu'il an fu morz si com an dit.* — Löwenritter 805: *Et maintenant vanta et plut Et fist tel tans con feire dut.*

Rutebeuf II, 119: *Anemis si les entama Que li amis l'amie a m a, Et l'amie l'ami amot.*

Amis et Amiles 60: *Dès enqui s'an repaira Amiles et h a b i t a i en la dite cité avec sa famme.*

Voltaire, Siècle de Louis XIV, 318: *Ce qui devait arriver arriva: ils s'aimèrent.*

Daudet, Le petit Chose 10: *Nous vivions ainsi, mon perroquet et moi, dans la plus austère solitude, lorsqu'un matin il m'arriva une chose vraiment extraordinaire.*

Bel-Ami 222: *Et, tout à coup, elle lui parla, sans tourner la tête vers lui.* — 231: *Elle regardait son écriture d'un peu loin, ravie de l'effet, et elle déclara, etc.*

Die Verbalbedeutung ist von der Perfektbedeutung in einigen Fällen modifiziert worden: *ama* Cligés 2769, Rutebeuf, *aimèrent* Siècle de Louis XIV bedeutet wohl 'wurde(n) verliebt'; ähnlicher Weise scheint es sich mit den angeführten *vanta, plut, habitai, parla* zu verhalten. — Eine erste Handlung wird auch immer mit *premier* und *fut* ausgedrückt; vgl. I, 181; z. B. Joinville 59: *Li patriarches f u li premiers qui parla;* Rabelais 36: *Et me disoyt maistre Thubal, qui f e u t premier de sa licence a Paris, que etc.;* Le petit Chose 8: *Aussi mon premier soin, en rentrant à la fabrique, f u t d'avertir Vendredi.*

β) Bei *u*-Perfekten.

Passion 108: *Cum il menaven tal raizon, Jhesus e s t e t en met trestoz.*

Léger 11: *Estre son gret ent fisdrent rei; Et Evruins a u t ent grant duol.* — 20: *Reis Chelperis il se fut morz: Par lo regnet lo s o v r e n t tost.*

Alexis 7: *Fut batiziez, si out nom Alexis.*

Roland 671: *Sur l'herbe verte estut* (Gautier: *est venu se placer*) *devant sun tref.* — 2105: *Li emperere s'e s t u t* (Gautier: *s'arrêta*) *si l'escultat.*

Crestien, Cligés 370: *Alixandre me f u nons mis La ou je reçui sel et cresme Et crestianté et batesme.* — Löwenritter 4700: *Jorz i sejorna ne sai quanz Tant que il et ses lions f u r e n t Gari et que raler s'an d u r e n t.*

Auc. et Nic. 11: *Je l'otroi, fait li peres. Il li creante, et Aucassins f u lié.*

Villehardouin 11: *Maint conseil i ot pris et doné.*

Joinville 358: *Arivames à un port . . . qui estoit au conte de Provence qui puis fu roys de Sezile.*

Rabelais 48: *Et auecques groz raisins chenins estuuarent les iambes de Forgier mignonnement, si bien qu'il feut tantoust guary.* — 129: *Pantagruel, bien recordz des lettres et admonitions de son pere, voulut un iour essayer son sçauoir.*

La Fontaine III, 1: *Après maints quolibets, coup sur coup renvoyés, L'homme crut avoir tort, et mit son fils en croupe.* — VII, 8: *Il était, quand je l'eus, de grosseur raisonnable: J'aurai, le revendant, de l'argent bel et bon.*

Voltaire, Siècle de Louis XIV, 54: *Aussi la Suède obtint par ces traités de plus grands avantages que la France: elle eut la Poméranie, beaucoup de places et de l'argent.* — 119: *La gloire de Turenne reçut un nouvel accroissement, quand on sut que tout ce qu'il avait fait dans cette campagne, il l'avait fait malgré la cour.*

Chateaubriand, Atala 40: *Atala se tut tout à coup.*

Bel-Ami 105: *Il avait pris sur ses genoux la fillette, et il dut jouer avec elle.* — 206: *Mais dès qu'il aperçut la voiture, il voulut qu'on la découvrît.*

Mendès, L'homme tout nu 105: *Sa claire face, qui était comme un lys, fut comme une pivoine.*

Die hier in Frage kommenden Verba sind besonders von Schmitz, S. 209, Pio, S. 129, Plattner, S. 203 gesammelt worden. — Auch beim Imperfekt kann die Bedeutung des Eintritts vorkommen, wie bei der Wiederholung: *Tous se taisoient dès qu'il ouvroit la bouche*, Télémaque 63; vgl. I, 133.

VII.

Erzählung.

Dialoge Gregoire lo pape 39: *A un altre tens de rechief uinrent a lui dui Gothe por herbergier, ki dissent soi hasteir enuers Rauenne. Az queiz il donnat de sa main un uoissel de fust plain de uin, lo queil il poissent auoir par auenture el dinneir de la uoie. Del queil biurent icil Gothe des a tant ke il paruinrent a Rauenne. Et par aloanz iors demorerent il en cel meisme citeit, et si ourent lo uin cui il del saint homme auoient pris par cascun ior en lur us. Et ensi retornerent il ioskes a cel meisme honorable pere a Fergntis.*

La Fontaine IV, 6: *Un paon muait: un geai prit son plumage, Puis après se l'accommoda; Puis parmi d'autres paons tout fier se panada, Croyant être un bon personnage. Quelqu'un le reconnut: il se vit bafoué, Berné, sifflé, moqué, joué, Et par messieurs les paons plumé d'étrange sorte; Même vers ses pareils s'étant réfugié, Il fut par eux mis à la porte.*

Daudet, Le petit Chose 313: *Le petit Chose était là depuis un moment, en train de se défubler, quand il entendit un machiniste qui l'appelait d'en bas: Monsieur Daniel! monsieur Daniel! Il sortit de sa loge, et, penché sur le bois humide de la rampe, demanda: Qu'y a-t-il? Puis voyant qu'on ne répondait pas, il descendit, tel qu'il était, à peine vêtu, barbouillé de blanc et de rouge, avec sa grande perruque jaune qui lui tombait sur les yeux. Au bas de l'escalier, il se heurta contre quelqu'un. Jaques! cria-t-il en reculant.*

Vgl. I, 46. — Über das Verhältnis zum erzählenden Imperfekt und ersten zusammengesetzten Perfekt, siehe diese Tempora.

VIII.

Attraktion und Dissimilation.

α) Attraktion.

Léger 5: *Ço fud loncs temps od sei lo tint.* — 17: *Laisset l'entrer en un monstier. Ço fut Lusos o il entrat.*

Crestien, Cligés 2624: *Alis et Cligés anbedui An firent duel si com il durent.* — 4283: *Cligés, tant con lui plot et sist, D'avoir et de conpaignons prist.* — Löwenritter 277: *Si m'an alai plus tost que poi.*

Flore et Jeanne 127: *Et se confiesa au mius k'il pot.*

Auc. et Nic. 16: *Si prist dras de lit et touailes si noua l'un a l'autre si fiste une corde si longe com ele pot.*

Villehardouin 22: *Mult i ot (De Wailly: eut) de cels qui malvaisement le tindrent (De Wailly: tinrent).*

Joinville 4: *Li premiers faiz là où il mist son cors en avanture de mort, ce fu à l'ariver que nous feimes devant Damiete.* — 48: *Li dus manda quant que il pot avoir de gent.*

Les 100 nouv. nouv. I, 143: *Qui fut bien esbahie, ce fut la povre chambriere.*

Rabelais 32: *Croyez que le lieu auquel conuint le peuple
... feut Nesle.* — 47: *Forgier s'escria au meurtre, et a la
force. tant qu'il peut.*

La Fontaine IV, 4: *Il sauva donc tout ce qu'il put*

Fénelon, Télémaque 29: *Il n'y eut que moi qui espérai
la victoire.*

Voltaire, Siècle de Louis XIV 49: *Ce fut là que
le duc de La Rochefoucauld ... reçut un coup au-dessus des
yeux, qui lui fit perdre la vue pour quelque temps.* — 191: *Six
mois s'étaient écoulés depuis qu'on n'avait plus d'ambassadeur à
Madrid: c'était* (Imp. III, ε) *peut-être une faute, et ce fut peut-
être encore cette faute qui valut la monarchie espagnole à la
maison de France.*

Musset, Margot 575: *Ce ne fut qu'au bout d'une
semaine ... qu'il fut résolu que Margot se mettrait en route
pour Paris.*

Bel-Ami 279: *Ce fut elle alors qui lui serra la main.*
— 283: *Ce fut elle qui baisa ses mains avec un mouvement
d'adoration.*

Es ist selten, dass das Imperfekt als Ausdruck eines dauernden
Vermögens im Nebensatz gebraucht wird, wie Zadig 130: *Il le
mit dans sa confidence et s'assura, autant qu'il le pouvait, de
sa fidélité.* Gewöhnlich ist dagegen, dass die Attraktion in der
Umschreibung mit c'est für das Präsens unterbleibt, z. B. Le petit
Chose 73: *C'est moi qui fut chargé de l'étude des moyens;* vgl.
dazu Hölder, S. 380. Dagegen steht das Perfekt in ähnlichen
Stellungen mit den zusammengesetzten Perfekten häufig zusammen,
deren Formen zu unbequem sind, um wiederholt zu werden, z. B.
Henri de Valenciennes 390: *Lor a fait toute l'amour ke
il pot;* Löwenritter 4305: *Mes einçois mout priié li ot Li
sire au plus bel que il pot Que ses quatre fiz an menast.*

β) Dissimilation.

Anglonorm. Horn 14: *Oilz aveit vers e clers e le vis
out rosin* (zitiert von Rudolph, S. 35).

Commynes 464: *Des chiens, en envoyoit querir partout
...; en Cecille, envoyoit querir quelque mule... Au pais de
Danemarche et de Suerie, envoya querir deux sortes de bestes.*

Voltaire, Siècle de Louis XIV 83: *La France et
l'Espagne combattirent a'abord par des écrits...; mais la seule
raison d'État était écoutée. Cette raison d'État fut bien extraordinaire: Louis XIV allait attaquer un enfant... Comment*

pouvait-il croire ...? — 381: *Et le duc d'Orléans, tout éclairé qu'il était, ne le fut pas assez pour relever cette méprise du parlement.*

Chateaubriand, Atala 28: *Une jeune fille l'accompagnait sur les coteaux du Meschacebé, comme Antigone guidait les pas d'Oedipe sur le Cithéron, ou comme Malvina conduisit Ossian sur les rochers de Morven.*

Michelet, Histoire de la révolution IV, 247: *Tous n'avaient pas de fusils, mais qui en eurent en prirent.*

Es ist möglich, dass eine Verschiedenheit der Anschauung diesem Wechsel der Zeitformen zu Grunde liegt. Das voraufgehende Imperfekt wäre dann nach II, *a*, 1 zu beurteilen; vgl. die Bemerkung ebendaselbst. Das auffallende Motiv der Tempuswahl scheint indes das Streben nach einem formalen Wechsel zu sein. Man bemerke, dass die Perfekta von *avoir* und *être* sich am leichtesten zur Dissimilation eignen.

IX.

Bevorzugte Formen.

In wie weit der Zahlreichtum der Perfekta im Altfranzösischen auf Vorliebe für die eine oder andere Form beruhen kann, ist natürlich unmöglich festzustellen. Treffend bemerkt indes Körnig, S. 37: „Innerhalb des Verses mag oft das Metrum von Einfluss gewesen sein, indem die Silbenzahl für eine kürzere Perfektform entschied statt der längeren des Imperfekts und umgekehrt, oder es ist die Vorliebe mancher Texte für bestimmte Formen; wie *sist, pot, estust* u. s. w., für Verbindungen wie *i ot, ot nom* und dergl." Es ist schon unter Perfekt IV darauf hingewiesen worden, wie diese Formen dem Imperfekt am längsten Widerstand leisteten; sie sind sogar in ganz modernen Übersetzungen beibehalten worden. Noch z. B. bei Rabelais 46 findet man: *En cestuy temps, qui feut la saison de vendanges au commencement de automne, les bergiers de la contree estoyent a guarder les vignes;* Pascal Prov. 35: *J'ay jugé necessaire de consulter un de ceux qui furent neutres dans la premiere question* [1]). Schon im grand siècle scheinen indes dergleichen Perfekta nicht mehr geduldet zu werden, es sei denn, um eine Dissimilation zu bewirken. Oft kommt *se tut* in der Bedeutung eines noch andauernden Schweigens vor, z. B. Bel-

---

[1]) Von Haase, Nfrz. Zs. IV, 160 zitiert; das von ihm ebendaselbst angeführte *dites* scheint mir als momentan gegenüber *vities assemblez* zu erklären zu sein.

Ami 402: *C'est à moi, monsieur, à moi seul. Je vous demande qui vous êtes.* L'autre *se tut* ('schwieg immer fort'). Ein Franzose teilt mir gütigst mit, dass er darin nur ein kräftiges *se taisait* sieht. — Altfranzösich wäre vielleicht auch noch *cuidai* zu bemerken; siehe Imperfekt IV.

X.

Gleichwertigkeit mit anderen Formen.

a) Mit dem Plusquamperfekt.

Passion 88: *Dunc lo pausen el monument O corps non j a g anc a cel temps.* — 89: *Anz lui no i j a g unque nulz om.*

Léger 5: *Et com il l'aut dint de cele art, Rendit lo qui lui l' comandat.*

Alexis 18: *D'iloc alat en Alsis la citet, Por une imagene dont il odit parler.* — 57: *De sei mediisme tote la chartre escrist, Com s'en alat e com il s'en revint.*

Roland 89: *Dis blanches mules fist amener Marsilies, Que li tramist icel reis de Sezilie.* — 1390: *L'Arcevesques lur ocist Siglorel, L'encanteür ki ja fut (Gautier: avait été) en enfer.* — 1593: *Grandoines fut e prozdum e vaillant E vertuus e vassals cumbatant. En mi sa veie ad encuntret Rollant. Enceis ne l' vit (Gautier: avait vu), si l'conut veirement.*

Crestien, Löwenritter 5922: *Seul a seul venoient andui, Que del lion anblé se furent; Si fu remés la ou il jurent.* — 6160: *Et tuit dient que mes ne virent Deus chevaliers plus corageus.*

Amis et Amiles 53: *Et li Rois donna à l'un et à l'autre aspace de consoil... Et cil vindrent devant le Roi à termine qui lor fu donez* (Übersetzung: *avait été accordé*).

Villehardouin 42: *Vint une novele en l'ost... que messire Folques li bons hom..., qui parla (De Wailly: prêcha, Du Cange: avoit prêché) premierement des croiz, fina et morut (De Wailly: finit et mourut, Du Cange: estoit décédé).*

Alexis IV, 62: *Lors donna tout l'avoir que de Romme aporta.*

Commynes VIII, 3: *Mes lettres ... avoient bien aydé à avancer des gens que la duc de Bourbon y envoya.*

Über diesen im Altfranzösischen gewöhnlichen Gebrauch des Perfekts, vgl. unter anderen Körnig, S. 39. Haase, Syntax

des XVII. Jahrh.'s, konstatiert, S. 100, dass dieser Gebrauch in
diesem Jahrhundert nicht mehr existierte; er war wohl schon im
XVI. Jahrh. verschwunden.

β) Mit dem Präsens.

Henri de Valenciennes 366: *Voirs fu (De Wailly:*
est) ke je vous oi covent ke toute le terre ... jou le vous otriai,
se li emperreis s'i acordoit.

Eine eigentümliche Rückversetzung in die Vergangenheit; vgl.
I, 188.

XI.

In Bedingungssätzen.

Henri de Valenciennes 366: *Voirs fu ke je vous oi*
covent ke toute le terre ... jou le vous otriai (De Wailly:
octroierais), se li emperreis s'i acordoit.

Rabelais 51: *Et si personne tant feut esprins de te-*
merité qu'il luy voulust resister en face, la moustroit il la force
de ses muscles.

Henri de Valenciennes scheint, als er *otriai* nieder-
schrieb, an die Bedingung nicht gedacht zu haben. In Rabelais
ist der Bedingungsatz zugleich ein Temporalsatz. Vgl. übrigens
Perfekt II, γ.

B. Imperfekt.

I.

Die Handlung als dauernd dargestellt.

a) In ihrem Fortgang.

1) Weil sie ihrer Natur gemäss so gedacht werden muss.

Passion 43: *Anna nomnavent le Judeu A cui Jhesus*
furet menez.

Crestien, Cligés 339: *Alixandres le roi salue, Qui la*
langue avoit esmolue. — 1970: La sus an cele forteresse
N'avoit antree qu'une seule. — 4727: Einsi Cligés est an la
vile, Si se coile par itel guile. Et cil qui si prison estoient, De
chief an chief la vile aloient Demandant le noir chevalier.

Villehardouin 56: *Et li altre s'en repairierent fuiant*
arriere en l'ost. Ensi aloit li oz forment en amenuissant chas-
cun jor.

Joinville 236: *Je fu plus aises de celle parole, et me deffendoie plus hardiement contre ceus qui m'asailloient.* — 198: *Li amiral envoièrent maistre Nichole, qui savoit le sarazinnois, au roy.* — 358: *Arivames à un port qui estoit à dous lieues d'un chastel que on appeloit Yères.*

Rabelais 12: *Gargamelle commença a se porter mal du bas; dont Grandgousier le leua de sus l'herbe, et la reconfortoit honestement.* — 67: *Et, tirant le bourdon, ensemble enleua le pelerin et le mangeoit tresbien. Puis beut ung horrible traict de vin.* — 241: *Puys leua les yeulx au ciel, et les tournoit en la teste comme une chieure qui auorte, toussoit se faisant, et profundement souspiroit.*

La Fontaine IX, 1: *J'aimais un fils plus que la vie: je n'ai que lui; que dis-je, hélas! je ne l'ai plus.*

Fénelon, Télémaque 22: *D'abord, j'eus horreur de tout ce que je voyois; mais insensiblement, je commençois à m'y accoutumer.* — 42: *En disant ces paroles, Mentor le prit par la main, et l'entraînoit vers le rivage.* — 74: *Mentor ... tâchoit ainsi de retrancher le faste inutile qui corrompait les mœurs: il ramenoit toutes choses à une noble et frugale simplicité. Il régla* (momentan) *de même la nourriture.*

Voltaire, Siècle de Louis XIV 342: *Louis XIV dévorait sa douleur en public: il se laissa voir à l'ordinaire; mais en secret les ressentiments de tant de malheurs le pénétraient et lui donnaient* (Wiederholung) *des convulsions.*

Chateaubriand, René 144: *Je leur demandai ce que signifiait ce monument: les uns purent* (momentan) *à peine me le dire, les autres ignoraient la catastrophe qu'il retraçait.*

Bel-Ami 104: *Peu à peu, il se serrait contre elle, essayant de l'étreindre.* — 156: *Peu à peu, cependant, l'assurance lui revenait, et leurs yeux, se rencontrant sans cesse, s'interrogeaient* (auch Wiederholung). — 182: *Le son de sa voix le fit tressaillir, et il regarda autour de lui. Il commençait à se sentir fort nerveux. Il but un verre d'eau, puis se coucha.* — 279: *Et il se sentit ... repris d'un brusque béguin pour cette petite bourgeoise bohème et bon enfant, qui l'aimait vraiment, peut-être.*

Auffallend häufig sind dergleichen Imperfekte bei Rabelais. Man siehe z. B. S. 241. Oft ist die Dauer durch ein *peu à peu* oder ähnliche Zusätze direkt hervorgehoben. Über das Perfekt in Verbindung mit solchen Ausdrücken siehe Perfekt III, a. Zu beachten sind die zahlreichen Fälle, wo die bleibenden Eigenschaften

genannter Personen oder Dinge, Namen, Situationen eines Lokals,
u. dgl. mehr, ohne eigentlich Beschreibung zu sein, angegeben werden;
vgl. Körnig, S. 13, und Plattner, S. 201, wo speziell von
s'appellait, avait nom u. dgl. gehandelt wird.
Weit mehr als die Frage, ob das Perfekt Momentaneität ausdrücke (vgl. oben S. 9), hat die Frage, ob das Imperfekt Dauer
ausdrücke, die französischen Grammatiker beschäftigt. Maupas
(1625) tritt zuerst für die Dauer ein: „La difference", sagt er
betreffs der einfachen Tempora der Vergangenheit, S. 284, „gist en
ce que l'imparfait s'attache à une duree et flux de temps estendu
en l'acte qui se faisoit lors dont on parle, et n'estoit encore par-
achevé." Dieselbe Ansicht findet sich bei mehreren jüngeren Verfassern wieder, namentlich bei Oudin (1640), De la Touche
(1720).[1] Später fügte man, besonders Bertram, a. a. O. S. 57,
die Bestimmung Unbegrenztheit der Dauer hinzu, wogegen
der begrenzten Dauer das Perfekt angewiesen wurde. Bei dieser
Ansicht ist man seitdem allgemein stehen geblieben; vgl. Ayer
S. 392: „Il [l'imparfait] désigne une action souvent répétée ou
prolongée, c'est-à-dire une *durée non déterminée;"* ebenso Plattner,
Schlutter, Rudolph, Vogels (S. 479) u. a. Indes haben auch
mehrere Grammatiker diese Ansicht angefochten, namentlich Mätzner (Syntax I, 77, Gramm. S. 310, 318), Schmitz, Delbeuf
(S. 110); siehe darüber, speziell über Schmitzens Argumentation,
oben Perfekt III, γ).

---

2) Weil sie nur als dauernd dargestellt wird.

Passion 43: *Donc s'adunouent li felon, Veder annouent
près Jhesum. — 48: Fors en las estras estet Petre; Al fog l'useire
'æswardevet* ('wohl erblickte').

Crestien, Cligés 2111: *Meis au duel que li Greu fesoient
Trestuit li autre s'amassoient; A lor duel ot grant aünes.
— 6220: Quant dedanz la tor mise l'orent Es chanbres qui soz
terre estoient, Adonc la dessevelissoient.*

Villehardouin 212: *L'emperere, qui mult ere chargiez
endroit lui, rapeloit sa gent; si lor disoit* (Imp. V) *que il ne
fuirot jà.*

Marot I, 10: *Ainsi je pars: pour aller me preparer . . .
Le droict chemin assez bien je trouvoye.*

Bossuet, Mort d'Henriette d'Angleterre: *Mais et
tes princes et les peuples gémissoient en vain; en vain Monsieur,
en vain le roi même tenoit Madame serrée par de si étroits em-
brassements . . . La princesse leur échappoit parmi des em-*

---

[1] Siehe hierüber Berggrén, S. 13 ff.

brassements si tendres, et la mort plus puissante nous l'enlevoit entre ces royales mains.

Musset, Margot 587: *Les victorieux désastres de 1814 couvraient la France de soldats. Enveloppé par l'Europe entière, l'Empereur finissait comme il avait commencé, et retrouvait en vain, au terme de sa carrière, les inspirations des campagnes d'Italie.*

Daudet, Le petit Chose 160: *Cinq minutes après, nous entrions dans la gare.*

Bel-Ami 81: *Quelque chose de pesant tout à coup accablait son cœur.* — 109: *A cinq heures précises, il entrait chez le concierge d'une grande maison meublée et demandait: — C'est ici que Mme Duroy a loué un appartement.* — 163: *Ils arrivaient au pont de la Concorde, ils le traversèrent en silence, puis ils longèrent le Palais-Bourbon.* — 367: *Il en offrait trois millions. Le prince, tenté par la somme, accepta. Le lendemain, Walter s'installait dans son nouveau domicile.*

Wie die Beispiele zeigen, ist diese anschauliche Art der Erzählung seit ältester Zeit bekannt. Auch ist dieselbe für das Altfranzösische bereits hervorgehoben worden, z. B. von Körnig, S. 33, Rudolph, ſ. 33, für das XVI. Jahrhundert von Gräfenberg, S. 85 (einige seiner Beispiele sind nicht zutreffend). In neuester Zeit aber hat diese Anwendung des Imperfekts erst recht Beliebtheit gewonnen, nämlich bei den Realisten oder der „*école pittoresque*", wie man die naturgetreuen breiten Schilderer seit Flaubert genannt hat.

In allen neufranzösischen Grammatiken sind daher diese Imperfekte beobachtet und besprochen worden; vgl. besonders Delbeuf, S. 152. Über ihre Erklärung ist man nicht recht einig. Hölder, Brinkmann, Ulbrich und noch andere meinen, dass man sich dabei „lebhaft in den Verlauf der Handlung zurückversetzt"; Mätzner und Ayer sehen darin eine Situationsmalerei. Den Kern der Sache scheint Brunetière in folgendem interessanten Ausspruch zu treffen (*Le roman naturaliste*, S. 84 f.): „*Il s'agit maintenant de composer et de fixer les tableaux. C'est pour cela que M. Daudet mettra le plus souvent la narration à l'imparfait. Au premier coup d'œil, vous ne voyez là qu'une singularité de style, une fantaisie d'écrivain. Si vous y regardez de plus près, c'est un procédé de peintre. L'imparfait ici sert à prolonger la durée de l'action exprimée par le verbe, et l'immobilise en quelque sorte sous les yeux du lecteur. 'Sans le sou, sans couronne, sans femme, sans maîtresse, il faisait une singulière figure en redescendant l'escalier.' Changez un mot et lisez:* '*Sans le sou, sans couronne, sans femme, sans maîtresse, il fit une singulière figure en redescendant l'escalier*'. *Le parfait est narratif, l'imparfait est pittoresque. Il vous oblige à suivre des yeux le personnage pendant tout le temps qu'il met à descendre l'escalier. M. Daudet dira donc excellemment.* '*Les franciscains montaient, erraient parmi d'étroits corridors . . .*' *parce qu'errer et monter sont des actions qui durent, et se continuent; mais six lignes plus bas, il dira non moins bien, toujours guidé par son instinct d'artiste:* '*Les franciscains échangèrent un regard significatif*', *parce que l'action d'échanger un regard est plus prompte que la parole, et s'achève en moins de temps qu'il n'en faut pour l'écrire . . . Il dira très bien encore, en dépit de l'apparente irrégularité:* '*La lecture finie, le moine se dressait, marchait à grands pas*', *c'est-à-dire le moine se dressa, puis il marcha, puis il se dressa, puis il se remit à marcher, et pour le lecteur attentif, l'imparfait prolonge l'alternative action du moine jusqu'à la fin de la phrase, ou, pour mieux dire, jusqu' à l'évocation d'un autre tableau qui vienne remplacer le premier.*"

Diese Analyse des berühmten Kritikers ist in mehreren Hinsichten sehr lehrreich. Sie lehrt uns zuerst, dass das Imperfekt auf einen gebildeten Franzosen den Eindruck der Dauer macht, das Perfekt — unter Umständen — die der Momentaneität. Sie lehrt uns weiter, dass, wenn Erzählungen im Imperfekt sich als Situationsmalereien ausnehmen, dies auf der durch dieses Tempus hervorgerufenen Vorstellung der Dauer beruht. Sie lehrt uns, dass auch die durch das Imperfekt ausgedrückte Wiederholung mit dem Begriff der Dauer zusammenhängt. Schliesslich ersehen wir, dass in dergleichen sprachlichen Eigenheiten es auch für den Eingeborenen einer eingehenden Analyse bedarf, um ihre richtige Bedeutung zu verstehen.

Die hier vorgetragene Brunetièresche Auffassung des erzählenden Imperfekts hat sich Rudolph für das Altfranzösiche fast völlig zugeeignet. Es heisst bei ihm, S. 33: „Das Imperfektum bezeichnet einen Fortschritt der Handlung und steht somit an Stelle eines historischen oder Haupttempus. Es unterscheidet sich aber von letzteren dadurch, dass es zumeist eine Handlung bezeichnet, die einige Zeit zu dauern bestimmt ist, oder dass es die Gemächlichkeit oder das Zögern veranschaulicht, womit die Handlung zur Ausführung gebracht wurde [1]."

---

[1] Eine eigentümliche Ansicht über das erzählende Imperfekt, wenigstens wenn es von alleinstehenden Thatsachen, die mit bestimmter Zeitangabe vorkommen, gebraucht wird, hat Pio, S. 130. Wenn man z. B. sagt: *Un an à peine après la perte de Béatrix, ce poète si désolé se mariait.* Il ne fut pas heureux en ménage, so würde durch das Imperfekt *mariait* der Zeitraum zwischen dem Verlust Beatrixens und der Verheiratung als auffallend kurz bezeichnet werden. Dem ist wohl kaum so.

Übrigens ist es offenbar, dass das Imperfekt an und für sich auch im Französischen eine volkstümlichere Form ist, als das an Geschichte erinnernde Perfekt. So bekundigt es sich als bescheidene Aussageform (siehe z. B. Abschnitt XII, *a*), in Formeln wie: *Que vous disais-je?* (V) und noch in mehreren anderen Fällen. Auch als erzählende Form scheint es eine relative Volkstümlichkeit zu verraten.

Die pittoreske Schule wendet es zwar hauptsächlich als stilistisches Kunstmittel an; in den ungezwungenen und recht populären Erzählungen, die den Titel *Madame et Monsieur Cardinal* führen, und in vielen ähnlichen, scheint es als volkstümliche Form aufzutreten. In dem eben zitierten Werke heisst es z. B.: *Le 17 septembre, à huit heures du matin, un de mes fermiers arrive haletant, éperdu. 'Les uhlans! monsieur, ils sont à Corbeil' ... Nous laissions au château sept ou huit domestiques ... Le lendemain nous arrivions à Trouville; ma femme tombait sérieusement malade.* Robert giebt daher ganz richtig an (S. 159) „*que le vulgaire l'emploie de préférence*". Diez macht sogar, III, 279, keinen Unterschied in dieser Hinsicht zwischen dem Französischen (und Provenzalischen) und den übrigen romanischen Sprachen, was indes zu weit gegangen ist. Hiermit hängt auch zusammen, dass das Imperfekt vorzugsweise von dem eben erst Geschehenen gebraucht wird, da das Perfekt sofort die Idee von etwas Geschichtlichem, schon längst Überstandenem (vgl. einfaches Perfekt III, *a*, zusammengesetztes Perfekt II) erweckt; z. B. Scribe, Le verre d'eau II, 9: *Vous voyez, comme vous me faisiez l'honneur de me dire, que l'affaire n'est pas si désastreuse;* Michelet, Histoire de la révolution I, 192: *Elle devait envisager hardiment la situation simple, terrible, que nous indiquions tout à l'heure.* An und für sich hat das Imperfekt kein Vorrecht zur Anwendung für das eben Geschehene; es ist dazu nur durch Kontrastwirkung gegenüber dem Perfekt gelangt, übrigens in Übereinstimmung mit dem Latein; vgl. Mätzner, Gramm. 319.

β) In ihrem Resultat.

Les 100 nouv. nouv. I, 124: *Et la povre vieillote désirant qu'il sceut la chose qui l'amenoit, le tira à part.*

Fénelon, Télémaque 123: *On surprit un autre transfuge nommé Arion, qu'Acante envoyoit vers Adraste.*

Voltaire, Siècle de Louis XIV 173: *Les Anglais ... criaient à la fois et contre Guillaume, qui avait fait le traité, et contre Louis XIV qui le rompait.*

Beaumarchais, II, 1: *Et le petit page était présent? — C'est-à-dire caché derrière le grand fauteuil. Il venait me prier de vous demander sa grâce.*

Musset, Margot 583: *Quel motif amenait les deux
étrangères?* — Mimi Pinson 647: *De cet accoutrement sin-
gulier ... sortaient sa tête gracieuse ... et ses petits pieds.*

Scribe, Mon étoile 1: *La conversation roulait sur les vo-
yages, sur l'Amérique dont il arrivait.*

Bel-Ami 86: *Les fauteuils, défraîchis et vieux, s'a-
lignaient le long des murs, selon l'ordre établi par la domestique.*
— 93: *Une table carrée, de quatre couverts, étalait sa nappe
blanche.*

G. Paris, Manuel de littérature française I, 165:
*Jean de Meun reprit l'œuvre de Guillaume de Lorris ... il
poursuit et achève le monologue de l'Amant, au milieu duquel le
poème s'arrêtait.*

II.

In zeitlicher Beziehung.

α) Von dem zu einer gewissen Zeit schon Bestehenden oder im Gange Befindlichen.

1) Die Handlung wird abgebrochen.

Alexis 96: *Jo atendeie de tei bones noveles, Mais or
les vei si dures et si pesmes.*

Roland 2744: *Jo si nen ai filz ne filie ne heir; Un en
aveie: cil fut ocis hier seir.*

Cumpoz 2003: *Ciel e terre criat Li reis ki nus furmat;
Terre ert ilores vuine, De tut en tut baraine; Mais li reis cumandat Que terre fruit dunat.*

Crestien, Cligés 669: *Je cuidoie que il n'eüst An
Amor rien qui buen ne fust, Meis je l'ai trop felon trové.*

Flore et Jeanne 152: *Vostre rois n'est pas si sienteus
ne si courtois comme je cuidoie.*

Asseneth 5: *Je ne savoie pas que Joseph fust filz de
Dieu.*

Jean de Condé, I, 187: *Nous cuidiemes bien main-
tenir Le fieste ... Mais trop est d'armes eüreus Cieus cevaliers
aventureus.*

Rabelais 25: *L'odeur feut aultre que cuydoys.* — 63:
Voicy qu'il me falloit. — 84: *Ce que voyans se vouloyent
retirer: mais cependant le moyne avoit occupé le passaige, par-
quoy se mirent en fuyte.*

La Fontaine VIII, 7: *Il n'en eut pas toute la joie Qu'il espérait d'abord.*

Fénelon Télémaque 29: *Pendant qu'il me tâtoit ainsi, je le poussai avec tant de violence que ses reins plièrent.*

Voltaire, Siècle de Louis XIV 364: *Les draps fins, qu'on tirait auparavant d'Angleterre, de Hollande, furent, fabriqués dans Abbeville.*

Michelet, Histoire de la révolution I, 105: *Le 13 au soir il y avait encore des doutes, et il n'y en eut plus le lendemain.*

Daudet, Le petit Chose 10: *Nous vivions ainsi, mon perroquet et moi, dans la plus austère solitude, lorsqu'un matin il m'arriva une chose vraiment extraordinaire.*

Bel-Ami 115: *Je n'osais point de demander ça, jusqu'ici.* — 167: *J'espérais une bonne lune de miel, et voilà mon mari qui me tombe sur le dos pour six semaines.* — 387: *Elle s'attendait à un transport de joie, et elle fut irritée de cette froideur.* — 388: *Elle fut étonnée. — Tiens! mais je croyais que tu ne voulais plus y mettre les pieds?*

Zu beachten ist das häufige Vorkommen von *croyais, savais, espérais* u. dgl. Verba, wobei, wie im ersten Beispiel aus Bel-Ami, der Abbruch im Augenblick der Rede geschieht; vgl. I, 193 und Mätzner, Gramm. 319, Robert, S. 160. — Der Begriff des Eintritts kann der stärkere sein, wie Bel-Ami 131: *Georges voulut la suivre, mais elle cria: — Je te défends de descendre.* — Auch eine Handlung, die einer anderen vorgeht, kann als durch diese abgebrochen oder wenigstens abgelöst dargestellt werden, dadurch, dass man von dem Zwischenliegenden absieht und die Handlungen einander nähert und einander gegenüberstellt, z. B. Le mariage de Figaro I, 9: *Ce qu'on vous défendait hier, on vous le prescrira demain;* Michelet, Histoire de la révolution I, 202: *Mais ce qu'il offrait alors, il ne voulut plus l'accorder.*

2) Die Handlung dehnt sich über eine andere hinaus.

Léger 3: *Quant enfes fut, donc a cels temps Al rei lo duistrent sui parent Qui donc regneoet a cel di.*

Roland 383: *Hier main se deit l'Emperere suz l'umbre; Vint i sis niés, out vestue sa brunie.*

Crestien, Cligés 16: *Ala de Grece an Angleterre, Qui lors estoit Bretaigne dite.* — Löwenritter 1144: *Que qu'il aloient reverchant, Desoz liz et desoz eschames, Vint une des plus beles dames.*

Flore et Jeanne 133: *Si s'aaisa del plus ke elle pot, comme cel ki bien avoit de coi.*

Auc. et Nic. 10: *Entreusque Aucassins estoit en la canbre, et il regretoit Nicolete s'amie, li quens Bougars de Valence qui sa guerre avoit a furnir ne s'oublia mie. — 25: Oïl nos savions bien que vos estes Aucassins nos damoisiax, mais nos ne somes mie a vos. — 36: En ço qu'il estoit en tel aisse et en tel deduit, et uns estores de Sarrasins vinrent.*

Joinville 46: *Et endementières que li cuens de Champaigne venoit pour espouser, messires Geffroys de la Chapelle vint a li.*

Jean de Condé I, 227: *A Sur rala et fu premiers, Com cieus qui estoit coustummiers.*

Rabelais 66: *Le propous requiert que racontons ce qu'aduint a six pelerins qui venoyent de Sainct Sebastien pres de Nantes.*

Fénelon, Télémaque 53: *Elle raconta à Neptune ce que Jupiter lui avoit dit. Je savois déjà, répondit Neptune, l'ordre immuable des destins.*

Gil Blas 10: *On nous la servit comme nous achevions, ou plutôt comme il achevait de manger la première.*

Chateaubriand, Atala 92: *Comme Atala achevait de prononcer ces paroles . . ., je m'écriai, etc.*

Musset, Margot 583: *Mais, tandis qu'elle descendait l'escalier, elle répéta plusieurs fois, etc.*

Bel-Ami 6: *Comme il arrivait au coin de la place de l'Opéra, il croisa un gros jeune homme. — 58: Comme trois heures sonnaient, il monta l'escalier. — 134: Il la trouva qui lisait un livre. — 197: Or, une nuit, comme il rentrait, il trouva une lettre glissée sous sa porte. — 211: Son père et sa mère sont morts comme il était tout jeune.*

Durch das formelhafte altfranzösische *comme cel ki* (z. B. Flore et J. 133) wird mit etwas schon vorhandenem verglichen. — Dem unter 1) behandelten *je ne savais pas* entspricht das noch im Augenblick der Aussage dauernde *je savais (croyais* etc.), welches dadurch dem Präsens nahe zu stehen kommt. Bemerkungswert ist die bei den modernen Realisten gewöhnliche Weise, im Temporalsatz auch eine an und für sich momentane Handlung als andere Handlungen überdauernd zu betrachten (wobei die volkstümliche

Konjunktion *comme* angewandt wird); vgl. B e l - A m i 6, 58, 197. Andere drücken solche Handlungen mit *lorsque* und dem Perfekt aus; z. B. *Lorsqu'il arriva au coin de la place de l'Opéra, il croisa un gros jeune homme.* Man empfindet leicht das mehr Ausdrucksvolle der von M a u p a s s a n t gebrauchten Wendung. — Die hier und unter 1) behandelten Verwendungen des Imperfekts sind diesem Tempus so natürlich, dass es in ähnlichen Stellungen im Altfranzösischen sehr selten durch das Perfekt ersetzt wurde.

3) Einleitung einer Erzählung.

A u c. e t N i c. 29 : *Sire, je le vous dirai. J'estoie liués a un rice vilain si c a c o i e se carue, .IIII. bues i a v o i t. Or a .IIII. jors qu'il m'avint une grande malaventure.*

A d g a r I, 5 : *Deus freres e s t e i n t iadis Seges, pruz e mult poestis.* — III, 1 : *En la cite, dunt ore cuntai . . . E s t e i t un clere, sulunc ma rime* (u. s. w. in den folgenden Legenden).

R u t e b e u f II, 8 : *L'autrier .I. jor jouer a l o i e Devers l'Auçoirrois Saint-Germain . . . Si vi Charlot enmi ma voie.*

J e a n d e C o n d é I, 2 : *Entre Loherainne et Bourgongne, Si com li contes le tiesmongne, A v o i t .I. chevalier manant.*

R a b e l a i s 114 : *Quelque iour, iẹ ne sçay quand, Pantagruel se p o u r m e n o i t apres soupper auecques ses compaignons . . . la rencontra ung escholier.*

L a F o n t a i n e III, 10 : *On e x p o s a i t une peinture Où l'artisan avait tracé Un lion d'immense stature Par un seul homme terrassé. Les regardants en tiraient gloire. Un lion en passant rabattit leur caquet.* — IV, 6 : *Un paon m u a i t : un geai prit son plumage.*

V o l t a i r e, S i è c l e d e L o u i s XIV 356 : *Un jour Louis XIV j o u a i t au trictrac, il y eut un coup douteux, etc.* — Z a d i g 5 : *Du temps du roi Moabdar, il y a v a i t à Babylone un jeune homme nommé Zadig.*

M u s s e t, M i m i P i n s o n 638 : *Parmi les étudiants qui suivaient, l'an passé, les cours de l'École de Médecine, se t r o u v a i t un jeune homme nommé Eugène Aubert* (Anfang der Erzählung).

R o m a n i a V, 83 ff. : *Il é t a i t une fois un bûcheron . . . Il é t a i t une fois un militaire, etc.*

Noch L a F o n t a i n e leitet bisweilen eine Geschichte mit dem Perfekt ein, wie XI, 1 : *Sultan Léopard autrefois E u t, ce dit-on, par mainte aubaine Force bœufs . . . Il naquit un lion dans la forêt prochaine.* Vgl. auch VII, 5. — Über die Aufgabe des Imperfekts, eine Erzählung einzuleiten, vgl. z. B. Hölder, S. 60, Schlutter, S. 31. Delbeuf sagt darüber, S. 108: „*L'imparfait prépare l'attention.* 'Il *y avait autrefois un roi et une reine' disent les contes de fées : et voilà notre curiosité piquée.*" Das heisst, das Imperfekt ist der stereotype Ausdruck des schon Vorhandenen, worin man erwartet, dass etwas hineinfalle.

β) Bei gewissen Hilfsverben.

Alexis 16: *Donc vint edrant dreitement a la mer; La nef est prest ou il deveit entrer.*

Crestien, Cligés 222: *Mout fu l'anpererriz dolante, Quant de la voie oï parler, Ou ses fiz an devoit aler.* — 4593: *Einsi est anpris li estorz Qui devoit durer quinze jorz.* — Löwenritter 4740: *S'avoit tierz jor, que la reïne Estoit de la prison venue.*

Villehardouin 22: *Departi son avoir, que il devoit porter, à ses homes et à ses compaignons.* — 224: *Se mist en la nef Johan de Virsin ... Et cil des cinq nés qui respondre devoient al maitin à Joffroi le marechal ... si collerent lor voiles.*

La Fontaine IX, 8: *Un jour deux pèlerins sur le sable rencontrent Une huître que le flot y venait d'apporter.*

Voltaire, Siècle de Louis XIV 193: *Mais le roi d'Espagne ... pensait toujours aux suites que l'idée d'un équilibre général devait entraîner.* — 344: *Louis XIII, dans sa dernière maladie, avait mis en musique le De profundis qu'on devait chanter pour lui.*

Daudet, Le petit Chose 11: *Ce qu'ils étaient venus faire, hélas! ... J'allais le savoir bientôt.* — 12: *Hélas! mon pauvre abbé, que je ne devais plus revoir!*

Bel-Ami 1: *Lorsqu'il fut sur le trottoir, il demeura un instant immobile, se demandant ce qu'il allait faire.* — 102: *Il était un peu ému ... en montant l'escalier de Mme de Marelle. Comment allait-elle le recevoir?* — 176: *Duroy rentra tôt chez lui, un peu agité, un peu inquiet. Qu'allait répondre l'autre?*

Die Verbindungen mit *aller* und *venir* und einem Infinitiv im temporalen Sinne kommen wohl im Altfranzösischen kaum vor. — Vgl. übrigens Kap. VII.

γ) Von dem zur Zeit einer gewissen Handlung Geschehenden.

1) Zwei Handlungen laufen parallel neben einander fort.

Constant 7: *Et cant je veoie k'il estoit bonne eure et boins poins, si prioie à Dieu ke il le delivrast.*

Villehardouin 232: *Endementiers que il queroient plait d'une part, cil de l'ost entroient de l'autre part.*

Henri de Valenciennes 328: *Il se misent à le fuite, et li nostre les ochioient en fuiant.*

Rabelais 140: *Ainsi comme ilz me rostissoyent, ie me recommendoys a la grace diuine.*

La Fontaine IV, 10: *Lorsque le genre humain de glánds se contentait, Ane, cheval, et mule, aux forêts habitait.*

Fénelon, Télémaque 24: *En disant ces paroles, je le tenois serré de toute ma force.*

Voltaire, Siècle de Louis XIV 310: *Tandis que madame de la Vallière et madame de Maintenon se disputaient encore la première place dans le cœur du roi, toute la cour était occupée d'intrigues d'amour.*

Musset, Margot 581: *Tout en réfléchissant ainsi, Margot retirait doucement son pied.* — Mimi Pinson 644: *Que faisaient ses amies de la veille, pendant qu'elle expirait peut-être dans quelque grenier de cette maison?*

Droz, Monsieur, Madame et Bébé 176: *Par malheur, tandis que j'exécutais tout cela, un monsieur, se trouvant dans les mêmes conditions que moi, ouvrait l'autre portière et se précipitait aussi dans la voiture.*

Das letzte Beispiel enthält zwar im Hauptsatz zwei Verba mit momentaner Bedeutung; der Gesichtspunkt des gleichzeitigen Fortlaufens ist jedoch beibehalten worden. In anderen Fällen ist bei gleichzeitigen momentanen Handlungen der Begriff der Momentaneität vorherrschend, so dass sie durch das Perfekt ausgedrückt werden, wie Perfekt III, γ durch einen Beleg aus Voltaire gezeigt wurde. Über das Verhältnis zur Zusammenfassung, siehe Perfekt V, β, 2. Für das Altfranzösische sind noch zu vergleichen Körnig, S. 26 f., Mätschke, S. 7 f.; für das Neufranzösische Bertram, S. 59 f.

---

2) Eine Handlung wird zum Zeitraum einer anderen Handlung verlegt.

Crestien, Cligés 2064: *Si les an mainnent a grant honte Si com il deservi l'avoient. De tot ice mot ne savoient Lor janz qui estoient defors.* — Löwenritter 1256: *Repeirié furent de l'iglise Et venu sor la sepouture. Mes de tot ice n'avoit cure La dameisele de la chanbre.*

Flore et Jeanne 99: *Et dist li contes ke la dame se maintint molt simplement tant conme ses sires fu en la voie.... Et messire Rauous se penoit molt d'autre part coument il peust gaegnier la fremalle.*

Henri de Valenciennes 306: *Commanda s'ost à logier, et tant atendi illuec ke tout furent assemblé, et petit en faloit.*

Joinville 134: *Et li roys respondit que Diex en fust aourez de tout ce que il li donnoit; et lors li chéoient les lermes des yex mout grosses.*

Les 100 nouv. nouv. I, 97: *...auquel il fist très grande et bonne chière, comme bien le savoit faire; si fist ma dame aussi, et le surplus de la maison s'efforçoit fort de lui complaire.*

Rabelais 62: *"Si tu es de Dieu, sy parle: si tu es de l'aultre, sy t'en va." Et pas ne s'en alloit.* — 141: *Mais ie feis le signe de la croix, criant, agios, athanatos, ho theos, et nul ne venoit.* — 167: *Autant en dirent ses deux compaignons ...Ce pendent Panurge s'esloingnoyt.*

Monluc I, 253: *Alors le Roy et tous se levarent, et moy je tressaillois* — II, 447: *Je prins quatre vingtz ou cent soldatz et m'en allois autour des murailles.*

Fénelon, Télémaque 37: *Pour les nymphes, elles sentirent bientôt les feux que cet enfant trompeur allume; mais elle cachoit avec soin la plaie profonde qui s'envenimoit dans leurs cœurs.*

Voltaire, Siècle de Louis XIV 59: *Elle resta dans la pauvreté..., tandis que ses enfants allaient... apprendre le métier de la guerre contre la France.* — 166: *Catinat... fut longtemps sur la défensive; mais enfin... il gagna une seconde bataille rangée... A l'autre bout de la France, vers les Pays-Bas, le maréchal de Luxembourg gagnait la bataille de Fleurus.*

Chateaubriand, René 168: *Elle me répondit... que si je l'aimais, j'éviterais de l'accabler de ma douleur. Elle ajoutait etc.*

Michelet, Histoire de la révolution I, CXIX: *Malesherbes pleura et... tous pleuraient à chaudes larmes.* — V, 533: *La Gironde, il est vrai, vota des lois sévères, mais elle refusait les moyens de les faire exécuter. Elle proclama la guerre... Mais en même temps elle refusait les moyens de...*

Daudet, La dernière classe 12: *Puis il resta là, la tête appuyée au mur, et, sans parler, avec sa main il nous faisait signe: 'C'est fini'!*

Bel-Ami 36: *Prenez-vous du café, monsieur Duroy?* — *Et Mme Forestier lui tendait une tasse pleine.* — 47: *Il s'assit devant sa table, trempa sa plume dans l'encrier... Ce fut en vain. Rien ne venait.* — 63: *Et prenant le bras de son ami, le journaliste l'entraîna pendant que M. Walter se remettait à jouer.* — 234: *Il vit deux larmes grossir lentement dans les yeux fixes de ta maîtresse... tandis que deux autres se formaient déjà au bord des paupières.*

Vgl. oben I, 59, 195. — Schlutter hat bei Commynes eine Menge Imperfekta beobachtet, die begleitende Handlungen ausdrücken (S. 29); indes dürften einige dieser Imperfekta ihre Anwendung dem Wechselungstrieb (Dissimilation) und auch der Wiederaufnahme einer schon genannten Handlung verdanken; z. B. wenn es bei Commynes, S. 615 heisst: *Les ungz prindrent le chemin du villaige dont estions partis, les aultres prenoient le plus court en leur ost.* Von Monluc wird nach Ringenson, S. 29, das Imperfekt ebenfalls sehr oft gebraucht, um eine Handlung zum Zeitraum einer andern zu verlegen. Hier wurden noch einige Beispiele aus den 100 nouv. nouv. und aus Rabelais, wo sie sich ebenfalls in sehr grosser Zahl finden, gebracht. In der That zeigen die Schriftsteller des XV. und XVI. Jahrhunderts eine grosse Vorliebe für diese Konstruktion. Für das Neufranzösische hat besonders Seeger (S. 18) gute Beispiele dieser Wendung gesammelt. In neuerer Zeit, wie in Bel-Ami, kommt es weniger auf das Zeitverhältnis an, als darauf, die Sätze durch Zeitverknüpfung in Verbindung zu bringen. — Wie leicht die Auffassung schwankt, zeigen folgende beiden unmittelbar hinter einander stehenden Sätze, Bel-Ami 82: *Tiens, le voilà. Et il indiquait du doigt les feuilles dépliées sous un presse-papier. Duroy, confondu, ne trouva rien à dire et, comme il mettait sa prose dans sa poche, Forestier reprit: Aujourd'hui tu vas te rendre d'abord à la préfecture... Et il indiqua une série de courses d'affaires, de nouvelles à recueillir* (ein wenig mehr selbständig als die durch das vorhergehende *indiquait* ausgedrückte Handlung). — Zum ganzen Abschnitt II ist das bei Perfekt IV über das Altfranzösische Gesagte zu vergleichen.

III.

In inhaltlicher Beziehung.

α) Als Grund.

Alexis 1: *Bons fut li siecles al tens ancienor, Quer feit
i ert e justise e amor, Si ert credance, dont or n'i at nul prot.*

Cumpoz 425: *Le primier, qu'apelum Diemeine par num,
Al soleil le dunerent E sun num li poserent, Pur ço qu'enlu-
minout Le munt e nuit chaçout; E iço plout a De Qu'eissi
fut apele; Kar li sons jurz esteit E aveir le voleit. Nepur-
quant tuz les at E trestuz les furmat, Mes pour ço qu'ert lumiere De l'humaine maniere, Le primier jurn posat A sun os.*

Crestien, Cligés 1202: *La reine, si con moi sanble, Fu
an tref venue seoir, Por ce qu'ele voloit veoir Les noviaus
chevaliers venir.*

Auc. et Nic. 24: *Qui que demenast joie, Aucassins n'en ot
talent; qu'il n'i veoit rien de çou qu'il amoit.*

Joinville 8: *Et tuit li loèrent . . . que il entrast en une
autre neif; car il ne véoient pas comment la neiz peust sou-
frir les cos des ondes, pour ce que li clou . . . estoient tuit
eloschié.*

Rabelais 17: *Au doigt medical de la dextre eut ung an-
neau . . . de pris inestimable. Car Hans Caruel . . . les esti-
moit a la valeur de soixante neuf millions . . . moutons a la
grand'laine : autant l'estimarent les Fourques d'Augsbourg.*

Voltaire, Siècle de Louis XIV 187: *L'empereur, à qui
on proposait ce traité de partage à signer, n'en voulut point,
parce qu'il espérait avoir toute la succession.*

Michelet, Histoire de la révolution I, 162: *Il y eut
quelque hésitation, par l'ignorance des formes, et spécialement parce
que la plupart ne savaient écrire. Mais il surent parler.*

Das Imperfekt als Zeitform der Beziehung tritt in dem Zitate
aus Michelet aufs schärfste dem Perfekt als Zeitform des Selbständigen gegenüber. — Dass das Imperfekt zum Ausdruck des
Grundes dient, lehren fast alle französischen Grammatiken. Das
Perfekt muss bisweilen gebraucht werden, z. B. Musset, Margot 573: *Comme l'impunité l'enhardit, elle en était enfin venue
jusqu'à dérober un écrin de diamants,* wo durch *enhardit* das
vollzogene Erkühnen im Gegensatz zur beginnenden Kühnheit ausgedrückt werden sollte; oder Télémaque 49: *Achitoas ne fut*

point consolé; car il sentit que Mentor le surpassoit, wo *sentit* den Eintritt bezeichnet.

β) Von dem, was mitfolgt, mitgebracht wird.

Passion 98: *Tres femmes van al monument: Molt cars portavent unguemenz.*

Roland 202: *De ses paiens il vus enveiat quinze: Cascuns portout une branche d'olive.*

Crestien, Löwenritter 2314: *Et mes sire Yvains an anvoie Devant la rote un escuiier Qui portoit un faucon gruiier.*

Villehardouin 280: *Et corent as vassiaus, qui ainz ainz, qui mielx mielx. Avec als entroient li chevalier à totes lor armes.*

Joinville 70: *Dès là nous alames an Ausone, et en alames atout nostre hernoiz ... et encoste les neis menoit-on les grans destriers. —* 182: *Maintenant que il s'en furent alei, se feri en nostre paveillon une grans tourbe de joenes Sarrazins, les espées çaintes, et amenoient avec aus un home de grant vieillesse.*

Jean de Condé I, 30: *Tourner l'en vi plus que le pas Viers une ville de chi près, Et ses gens aloient après.*

Voltaire, Siècle de Louis XIV 97: *Trente mille hommes précédèrent ou suivirent la marche du roi ... Le roi menait avec lui la reine sa femme.*

Chateaubriand, Atala 116: *Je chargeai le corps sur mes épaules; l'ermite marchait devant moi, une bêche à la main.*

Musset, Margot 585: *Mme Doradour prit le bras de la vieille dame, et Gaston offrit aussitôt le sien à la belle jeune fille; Margot, restée seule, marchait derrière la compagnie.*

Daudet, Le petit Chose 216: *A ce moment, la porte du salon s'ouvrit et Pierrotte entra bruyamment. L'homme à la flûte venait derrière lui.*

Bel-Ami 26: *Elle entra d'une allure alerte ... Une fillette en robe courte la suivait. —* 187: *Boisrenard, pour la circonstance, portait une décoration étrangère.*

γ) Inhalt einer Wahrnehmung, Vorstellung oder Äusserung.

Passion 108: *Ja s'adunent li soi fidel, Ja dicent tuit que vius esteit.*

Roland 2555: *Après icele li vient altre avisiun: Qu'il ert en France, ad Ais, ad un perrun, En dous caeines si teneit un brohun. Devers Ardene veeit venir trente urs . . . De sun palais vint uns veltres le curs, Entre les altres assaillit le greignur.*

Crestien, Cligés 1272: *A ces defors sanblant mostrerent Que gueires ne les redotoient, Quant desarmé venu estoient.*

Auc. et Nic. 18: *Quant Aucassins oï dire Nicolete qu'ele s'en voloit aler en autre païs, en lui n'ot que courecier. — 19: Ele se pensa qu'ileuc ne faisoit mie bon demorer.*

Villehardouin 12: *Et li dux lor respondit que il lor requeroit respit al quart jor. — 128: Clerement fu seu prochainement des Grieus et des François, que li murtres ere si faiz con vos avez oï retruire.*

Joinville 176: *Et il respondi que il entendoit que j'avoie l'apostume en la gorge. — 358: Lor appela li roys son consoil . . . et lour demanda que il looient à faire; et il loèrent tuit que il descendist.*

Rabelais 28: *A tant son pere aperceut que vrayement il estudioit tres-bien, et y mettoit tout son temps, toutesfoys que en rien ne prouffitoit.*

La Fontaine VII, 8: *Notre laitière, ainsi troussée Comptait déjà dans sa pensée Tout le prix de son lait; en employait l'argent; Achetait un cent d'œufs, faisait triple couvée.*

Chateaubriand, René 150: *Je m'aperçus que je donnais plus que je ne recevais.*

Daudet, Le petit Chose 11: *Il me sembla que le ciel croulait.*

Zola, La joie de vivre 2: *La dépêche d'hier soir annonçait le règlement définitif des affaires de la petite . . . Madame a dû arriver ce matin à Caen, où elle s'est arrêtée pour passer chez Davoine. A une heure, elle reprenait le train; à deux heures, elle descendait à Bayeux; à trois heures, l'omnibus du père Malivoire la déposait à Arromanches.*

Bel-Ami 278: *Il sembla à Georges qu'elle pâlissait un peu en l'apercevant. — 344: Tu ne sais pas, mon chéri, j'ai rêvé de toi, j'ai rêvé que nous faisions un grand voyaye, tous les deux, sur un chameau. Il avait deux bosses, nous étions à cheval chacun sur une bosse, et nous traversions le désert . . . nous faisions la dinette, sur nos bosses. Mais ça m'ennuyait . . . nous étions trop loin l'un de l'autre, et moi je voulais descendre.*

Ein paar Beispiele enthalten einen Traum; Roland 2555 kommt das Perfekt am Ende hervor, als die Beziehung der Unter-

ordnung schon locker ist. — Die Beispiele aus La Fontaine und
Zola sind keine Sätze der Unterordnung; das Imperfekt allein deutet
an, dass es sich von Vorstellungen, nicht von Thatsachen handelt. —
Bezeichnend ist, dass sogar das momentan zu fassende *pâlissait*,
Bel-Ami 278, und die sukzessiven Handlungen ibid. 344, unter
dem Einfluss der Beziehung durch das Imperfekt ausgedrückt wird.
— Über das Perfekt als Inhalt einer Wahrnehmung etc. vgl. I, 62,
Haase, Untersuchungen, S. 87, Körnig, S. 29; Beispiel:
*J'ai entendu dire plus d'une fois au maréchal de Villars que ...,
comme il marchait à la tête de son infanterie, une voix cria*
(Eintritt; Siècle de Louis XIV 215).

---

d) Von innewohnenden Eigenschaften, charakteri-
sirenden Umständen, ausführenden Zusätzen.

Crestien, Cligés 1955: *Quant an la tor furent antré,
A l'antree sont aresté, Car cil qui venoient après, Les orent
seüz si de pres, Que*, etc. — Löwenritter 2364: *Ne n'ot mie
la chiere iriee, Ainz l'ot si gaie et si riant Qu'ele estoit au
mien esciant Plus bele que nule deesse.*

Flore et Jeanne 141: *Et ot si grant joie ke à painnes
pooit-il parler à li.*

Villehardouin 94: *Les menerent si près de la porte que
granz fés de pierres lor getoit-on sor als.*

Henri de Valenciennes 388: *A tant es-vous un message
de par Rollant Pice, ki donne à l'empereour unes lettres. Et li
mandoit ke il li envoiast trente chevaliers.* — 418: *Li baillierent
les lettres, si comme il avoit commandé. Et disoient les
lettres,* etc.

Joinville 20: *Et il me dist: Seneschaus, séez-vous ci. Et
si fiz-je, si près de li que ma robe touchoit à la seue.* — 78:
*Sa grant richesce apparut en un paveillon que li roys d'Ermenie
envoia au roy de France, qui valoit bien cinq cens livres.*

Les 100 nouv. nouv. I, 43: *Il fist tantost tirer les bains ...
faire pastez, tartes, ypocras, et le surplus des biens de Dieu, si
largement que l'appareil sembloyt ung droit desroy.*

Rabelais 27: *Dont, montant dessus, le fait courir encontre le soleil, si que l'umbre tumboyt par derriere.* — 40:
*Apres, en tel train d'estude le mist qu'il ne perdoit heure quel-
conque du iour.*

Voltaire, Siècle de Louis XIV 320: *Entre ce plein
pouvoir et la signature, il se trouva deux lignes d'une écriture
différente, par lesquelles le maréchal se donnait au diable.*

Beaumarchais, Le mariage de Figaro II, 24: *Tout cela m'a remuée au point que je ne pouvais rassembler deux idées.*

Sand, Fadette 25: *L'idée de tout perdre ... lui fit tant de peine qu'il ne pouvait plus s'arrêter dans ses larmes.*

Daudet, Le petit Chose 4: *Du soir au matin ce fut une colère formidable qui ... s'en prenait à tout.*

Bel-Ami 88: *Il répondit: — Mais certainement, — avec un sourire qui en disait plus. — 175: Bref, de fil en aiguille, nous nous sommes tant chamaillés, qu'il y avait plus de cent personnes devant la boutique. — 294: Mais deux nouveaux combattants s'étaient salués, et ils tombèrent en garde avec tant d'autorité que tous les regards suivaient leurs mouvements. — 311: Elle fit un signe de tête, qui voulait dire: Oui, tout à l'heure. — 356: Il sortit d'un air tellement roide que le notaire ne souriait plus.*

In der älteren Prosa ist die Anwendung des Imperfekts im ausfüllenden Konsekutivsatz äusserst häufig und auffallend, z. B. bei **Villehardouin, Joinville, Commynes, Rabelais.** In der grammatischen Litteratur findet sich indes dieser Fall kaum erwähnt. Was die „charakterisierenden Umstände“ betrifft, so giebt **Mätzner** darüber eine zutreffende Bemerkung, Gramm. S. 321; vgl. auch **Bertram** a. O., S. 58 f. — Die Angabe einiger Grammatiken, dass das Imperfekt oft im Relativsatze stehe, ist dagegen ungenügend und irreführend. — Der spezielle Fall, dass der inneliegende Inhalt eines Briefes u. dgl. durch das Imperfekt ausgedrückt wird, findet sich bei **Rabbinowicz,** S. 90, aufgenommen. — Über *qui suivit* siehe oben S. 11.

ε) Nachträgliche oder parenthetische Erläuterung.

Roland 879: *Tut premereins l'en respunt Falsarun: — Icil ert frère al rei Marsiliun. — 1891: Brochet le bien, si vait ferir Bevun (Icil ert sire de Belne e de Digun).*

Cumpoz 1953: *Aprof cez out la terre Uns reis ki fut de guerre. C'ert Gaius Julius Cesar, ki en fut ('wurde') dus.*

Crestien, Cligés 1821: *Vit apres lui tote une sante Chevaliers venir jusqu'a trante, Don li sis estoient Grejois Et li vint et quatre Galois.*

Villehardouin 16: *L'endemain al tierz jor, manda li dux ... son grant conseil; et li couseils ere de quarante homes.*

Rutebeuf II, 290: *.I. Ombre vit d'omme ou de fame, Mès c'estoit de la bone dame.*

La Fontaine III, 13: *Les loups firent la paix avecque les brebis. C'était apparemment le bien des deux partis.* — IX, 15: *L'un (c'était le marchand) savait l'arithmétique.*

Voltaire, Siècle de Louis XIV 71: *Il exigea et obtint que le parlement vînt le haranguer par députés. C'était une chose sans exemple dans la monarchie.* — 154: *Un ambassadeur (c'était M. d'Avaux) était nommé auprès du roi détrôné, et le suivit avec pompe.*

Musset, Margot 578: *C'est vrai, répéta une voix qui fit trembler Margot . . ., c'était Gaston qui venait d'entrer.*

Bel-Ami 187: *Lorsqu'il entendit frapper à sa porte, il faillit s'abattre sur le dos, tant la commotion fut violente. C'étaient ses témoins.* — 307: *Un bruit de robe le fit tressaillir. C'était elle.*

Fast jede französische Grammatik giebt diesen Fall, obwohl ziemlich weit und unbestimmt aufgefasst, an; siehe z. B. Seeger, I, 18.

ζ) In detaillirter Ausführung.

Crestien, Löwenritter 3393: *Il fist que frans et deboneire, Que il li comança a feire Sanblant que a lui se rundoit, Et ses piez joinz li estandoit . . . Et puis si se ragenoilloit Et tote la face moilloit De lermes par humilité.*

Flore et Jeanne 86: *Celle dame fu molt bielle, et molt ama Dieu et sainte Eglise, et si estoit si bonne aumosniere et si karitavle ke elle paisoit et reviestoit les povres et lor baisoit piés et mains; et as mesiaus et as mesielles estoit-elle si privée et devote ke li Sains-Esperis manoit en li.*

Alexis IV 8: *Et si sceut en latin dire tout son talent; En lois et en decrez s'entendoit fermement.* — 176: *Mout grant duel demena le père pour le fis; Ses poins teurdoit de raige et dessiroit son vis.*

Jean de Condé I, 193: *Sour tous autres fu honnerés Li cevalliers enamourés . . . Li quens de Hainnau s'aprestoit De lui honnerer etc.*

Rabelais 49: *Destroussarent hommes et femmes, et prindrent ce qu'ilz peurent . . . Combien que la peste y feust par la plus grande part des maisons, ilz entroyent par tout, et ra-uissoyent tout ce qu'estoit dedans.*

La Fontaine IX, 7: *Un fol allait criant par tous les carrefours Qu'il vendait la sagesse: ét les mortels crédules De courir à l'achat; chacun fut diligent. On essuyait force grimaces, Puis on avait pour son argent ... un fil long de deux brasses. La plupart s'en fâchaient.*

Voltaire, Siècle de Louis XIV 58: *Mazarin et don Louis de Haro prodiguèrent à l'envi leur politique pour s'unir avec le protecteur ... Le ministre espagnol lui offrait de l'aider à prendre Calais; Mazarin lui proposait d'assiéger Dunkerque.*

Musset, Mimi Pinson 641: *La chose apportée, nous commençâmes à faire les jolies femmes. Nous ne trouvions rien de bon, tout nous dégoûtait.*

Daudet, Le petit Chose 55: *Son cœur éclata, et ce grand philosophe pleura comme un enfant. La vie l'épouvantait à présent; il se sentait faible et désarmé devant elle, et il pleurait, il pleurait* (auch Dauer).

Vgl. I, 65. — Nur bei Hölder, S. 60, finde ich diesen speziellen Fall erwähnt. — Mit dieser Erscheinung mögen solche altfranzösischen Fälle verwandt sein, wo das Perfekt zur Charakterisirung der Hauptperson, das Imperfekt für Nebenpersonen oder Nebensachen angewandt wird; z. B. Guillaume de Palerne 23 ff. und viele Stellen in den Nouv. franç. du XIII° siècle; vgl. auch I, 201.

η) **Wiederaufnahme des schon Angegebenen.**

Crestien, Löwenritter 678: *Mes sire Yvains an fu dolanz ... Por ce solemant li grevoit Qu'il savoit bien que la bataille Avroit mes sire Keus sanz faille.* — 2704: *Tant pansa que il vit venir Une dameisele a droiture, Et venoit mout grant anbleüre Desor un palefroi bauçant.*

Joinville 98: *Dont il avint que il occistrent la gaite ... Et ceste persecucions avenoit pour ce que les batailles guetoient.* — 410: *Quant je me esveillai, si m'apensai; et me sembloit que, etc.*

Jean de Condé II, 68: *Lors cheminai par grant effort Pour ce qu'eschaufer me voloie; Ainsi grant aleüre aloie, Et mes compains o moi toudis.*

R a b e l a i s 30: *Si bien s'escarmouchant, les esmoucha [la jument de Gargantua], qu'elle en abattit tout le bois, a tords, a trauers, de ça, de la, par cy, par la, de long, de large, dessus, dessoubs* a b b a t o i t *bois comme ung fauscheur faict d'herbes.* — 64: *Et luy tirarent plus de neuf mille vingt et cinq coups de faulconneaux et arquebouses, visans tous a sa teste; et si menu* t i r o y e n t *contre luy qu'il s'escria: Ponocrates, mon amy, ces mouches icy m'aueuglent.*

L a F o n t a i n e IV, 15: *Un vieillard près d'aller où la mort l'appelait: Mes chers enfants, dit-il (à ses fils il* p a r l a i t).

V o l t a i r e , S i è c l e d e L o u i s XIV 53: *Et ce même parlement, peu de temps après, condamna par contumace le prince de Condé à perdre la vie: changement ordinaire dans de pareils temps, et d'autant plus humiliant que l'on* c o n d a m n a i t *par des arrêts celui dont on avait si longtemps partagé les fautes.*

M i c h e l e t , H i s t o i r e d e l a r é v o l u t i o n III, 209: *Cette scène se renouvela bien des fois. Et elle se* r e n o u v e l a i t *avec un surcroît d'horreur.* — III, 308: *Dans une adresse, il posa le droit révolutionnaire. Mais en même temps, il* p o s a i t *les bases de la justice.*

S a i n t e - B e u v e , L u n d i s I, 219: *M. écrivit de s'en rapporter à ce que feraient l'archevêque et le curé. S'ils persistent à refuser,* é c r i v a i t - i l, *il faudra la faire enlever la nuit et l'enterrer.*

B e l - A m i 222: *Et, tout à coup, elle lui parla . . . Elle* p r o n o n ç a i t *les mots lentement, d'une voix basse ét sérieuse.*

R a b b i n o w i c z giebt S. 81 mehrere solche Beispiele, von denen er sagt: „*Un figuratif (= imparfait) répète la même action qu'un narratif (= parfait) précédent, pour la mieux expliquer.*" — Vgl. I, 65. — Vom ganzen Abschnitt Imperfekt III ist das unter Perfekt IV über das Altfranzösische Gesagte zu vergleichen.

IV.

Gefühle und Reflexionen.

C r e s t i e n , L ö w e n r i t t e r 3830: *Mes sire Yvains s'esbaïssoit De ce que si sovant chanjoient Et duel et joie demenoient, S'an mist le seignor a reison.*

J o i n v i l l e 170: *Le couchièrent ou giron d'une bourjoise de Paris aussi comme tout mort, et* c u i d o i e n t *que il ne deust jà veoir le soir.* — 356: *Maintenant fu esloingnie celle nef. Nous qui estiens en la nef le roi, le veismes et cuidiens que ce fust une some ou une bouticle.*

Commynes 244: *Et, comme ilz le approcherent de la caverne, ils le trouverent plus pres d'eulx qu'ilz ne pensoient.*

Les 100 nouv. nouv. I, 116: *Le povre maistre abusé, oiant son clerc, ne fut pas ung peu esbahy, ne esmerveillé, mais cuidoit bien qu'il y eust autre chose.*

Rabelais 65: *Ce que voyant Grandgousier son pere, pensoit que feussent poulx.* — 111: *Et alors, auecques grande puissance se leua, emportant son berceau sur l'eschine . . . et a le veoir sembloit que ce feust une grande carracque.*

La Fontaine III, 3: *Il voulut ajouter la parole aux habits, Chose quil croyait nécessaire.*

Fénelon, Télémaque 23: *Alors je versai des larmes de joie, et je trouvois que rien n'étoit si doux que de pleurer ainsi.* — 109: *Télémaque, en s'éveillant, s'attristoit de ces songes si agréables.*

Musset, Mimi Pinson 643: *Est-ce possible? se demandait-il . . . Cependant, pensait-il encore, etc.*

Bel-Ami 102: *Elle était grise, pensait-il; demain, ce sera une autre chanson.* — 185: *Alors Duroy se figurait leur rencontre, son attitude à lui et la tenue de son ennemi. Il se fatiguait la pensée à imaginer les moindres détails du combat; et tout à coup il voyait en face de lui ce petit trou noir et profond du canon, etc.*

Vgl. I, 66, 130; dazu noch Plattner, S. 202: „weil das Imperfekt Veranlassung, Grund, Nebenumstände angiebt, stehen die Verba des Denkens (*croire, penser, espérer savoir* u. a.) sowie die des Affekts (*craindre, redouter, s'étonner* u. a.) häufiger im Imperfekt als im historischen Perfekt". — Auffallend oft kommt im Altfranzösischen *cuidei* vor, so z. B. Rutebeuf II, S. 128, 134, 136, 139; vgl. I, 67.

V.

Anführungsverba.

Roland 1146: *Sire cumpainz, mult bien le disiez Que li quens Guenes nus ad tuz espiez.*

Crestien, Löwenritter 2368: *Antor li fu la presse espesse Et disoient trestuit a tire: Bien vaingne li rois et li sire Des rois et des seignors del monde!*

Villehardouin 90: *Mult s'acorderent li Venisien que les eschieles fussient dreciées es nés . . . Li François disoient que il ne savoient mie si bien aidier sor mer, com il savoient.*

Joinville 18: *Li roys descendi après mangier ou prael, desouz la chapelle, et parloit à l'uys de la porte au conte de Bretaigne.* — 126: *Il ot plusours messaiges dou conte de Poitiers . . . et de plusours autres riches homes . . . qui tuit li prioient que il ne se meust.*

Jean de Condé I, 182: *Si compaingnon le relevèrent, Qui à tel mescief le trouvèrent Que li cevaus sour lui gisoit; La cuisse pierdoit, ce disoit.*

Rabelais 6: *Quand feut au poinct de lire le chapitre, On n'y trouua que les cornes d'ung veau. Je (disoit il) sens le fond de ma mitre Si froid qu'autour me morfond le cervueau.* — 29: *Alors Eudemon . . . commença le louer et magnifier, premierement de sa vertu . . . Et, pour le quint, doulcement l'exhortoit a reuerer son pere . . . enfin le prioit qu'il le voulsist retenir pour le moindre de ses seruiteurs.*

La Fontaine II, 6: *La lice lui demande encore une quinzaine: Ses petits ne marchaient, disait-elle, qu'à peine.*

Fénelon Télémaque 25: *Il fut touché de mon horreur pour le vice, et dit ces paroles . . . Ensuite il s'entretenoit avec Mentor . . . Celui, ajoutoit-il, qui n'a jamais vu, etc.*

Daudet, Le petit Chose 229: *Quand je vous disais qu'elle était fée, cette petite rose rouge.*

Bel-Ami 77: *L'autre, interdit, balbutiait: — Non, ce n'est rien, pardon.* — 180: *Tenez, Boisrenard, voyez ce que je vous disais.* — 358: *Comme tu le disais tantôt, il n'avait que nous d'amis.*

Über diese Verwendung des Imperfekts hat jede Grammatik eine Bemerkung; wie dieselbe zu erklären, ist strittig; siehe Kap. VII. — Formelhaft sind: *C'est ce que je vous disais; Que vous disais-je? Quand je vous le disais! Vous disiez, Monsieur?* wobei die Nähe der Zeit zu der Zeit der Aussage von Belang sein kann, wie z. B. Lücking, S. 219, hervorhebt.

VI.

Gewohnheit und Wiederholung.

Passion 115: *Signes faran li soi fidel Quals el abanz faire soleit.*

Crestien, Cligés 5730: *Por miauz feire la traïson, L'aloit revisiter sovant Et si li metoit au covant Qu'ele la garroit de son mal Et chascun jor un orinal Li portoit por veoir s'orine.*

Rutebeuf II, 119: *Par maintes foiz si avenoit Que la bone dame venoit A l'église por Dieu proier.*

Joinville 33: *Touz les jours il se reposoit, après mangier, en son lit; et quant il avoit dormi et reposei, si disoit en sa chambre privéement des mors . . . Le soir, ooit ses complies.* — **340:** *L'endemain envoia li roys querre les maistres nothonniers des neis, liquel envoièrent quatre plungeours en la mer aval. Et plungièrent en la mer; et quant il revenoient* (der eine nach dem andern), *li roys et li maistre nothonnier les oyoient l'un après l'autre.*

Fénelon, Télémaque 9: *Bientôt il m'aima tendrement, et me donna des livres pour me consoler: il m'appeloit: Mon fils. Je lui disois souvent, etc.*

Voltaire, Siècle de Louis XIV 210: *Vendôme était vainqueur toutes les fois qu'il n'avait pas affaire au prince Eugène en personne : mais, dès qu'il le trouvait en tête, la France n'avait plus d'avantage.*

Daudet, Le petit Chose 7: *Le soir, après souper, je relisais mon Robinson, je l'apprenais par cœur; le jour, je le jouais.*

Bel-Ami 196: *Duroy, par contre, dînait tous les jeudis dans le ménage et faisait la cour au mari en lui parlant agriculture.*

Vgl. Perfekt V, γ.

VII.

Beschreibung.

α) In eigentlichem Sinne.

Crestien, Cligés 6402: *Anmi le vergier ot une ante De flors chargiee et anfoillue, Et par desus iert estandue.*

Einsi estoient li raim duit, Que vers terre pandoient tuit, Et pres jusqu'a terre beissoient Fors la cime don il neissoient. La cime aloit contre mont droite, etc.

Joinville 172: *A l'une des rives dou flum et à l'autre, avoit si grant foison de vaisselés à nostre gent qui ne pooient aler aval, que li Sarrazin avoient pris et arestez; et tuoient les gens et les getoient en l'yaue, et traihoient les cofres et les harnois des neis que il avoient gaaingnies à nostre gent. Li Sarrazin qui estoient à cheval sus la rive traioient à nous de pylés, pour ce que ne vouliens aler à aus.*

Voltaire, Siècle de Louis XIV 300: *La cavalcade était suivie d'un char doré, de dix-huit pieds de haut, de quinze de large, de vingt-quatre de long, représentant le char du soleil. Les quatre âges, d'or, d'argent, d'airain et de fer, les signes célestes, les saisons, les heures, suivaient à pied ce char: tout était caractérisé. Des bergers portaient les pièces de la barrière, qu'on ajustait au son des trompettes, auxquelles succédaient par intervalles les musettes et les violons, etc.*

Bel-Ami 376: *Il fallait bien regarder pour comprendre [ce tableau]. Le cadre coupait le milieu de la barque où se trouvaient les apôtres à peine éclairés par les rayons obliques d'une lanterne, dont l'un d'eux, assis sur le bordage, projetait toute la lumière sur Jésus qui s'en venait. Le Christ avançait le pied sur une vague, etc.*

Im Altfranzösischen war in der Beschreibung auch das Perfekt verwendbar, wie aus dem bei Perfekt IV Gesagten hervorgeht.

β) **Von einem soeben hervorgebrachten Zustand.**

Rabelais 186: *Ainsi que Pantagruel, auecques ses bandes, entrarent es terres des Dipsodes, tout le monde en estoyt ioyeulx* (vielleicht auch nach Imperfekt IV aufzufassen).

Voltaire, Siècle de Louis XIV 50: *Toutes ces horreurs étaient bientôt oubliées pour les grands intérêts des chefs de parti. — 203: On le nomma d'abord en France le chevalier de Carignan. Il prit ensuite le petit collet: on l'appelait l'abbé de Savoie. — 217: L'électeur se rendit maître d'Augsbourg. Le chemin de Vienne était ouvert: il fut agité dans le conseil de l'empereur s'il sortirait de sa capitale.*

Michelet, Histoire de la révolution IV, 204: *Quand il lut le décret, les visages étaient inondés de larmes.*

Daudet, Le petit Chose 347: *Je l'entendis dire deux fois très doucement: Jaques, tu es un âne ... puis rien. Il était mort.*

Bel-Ami 28: *Et on passa dans la salle à manger. Duroy se trouvait placé entre Mme de Marelle et sa fille.*

VIII.

Imperfectum conatus.

Crestien, Löwenritter 1203: *Por ce tel duel par demenoit La dame qu'ele s'ocioit.* — 6514: *Mes par amor an fin morroit Se sa dame n'avoit merci De lui; qu'il se moroit por li.*

Jean de Condé I, 170: *Et li dist que mout longement L'avoit amée et quil moroit Pour li, escaper n'en poroit.*

Voltaire, Siècle de Louis XIV 390: *Mais il s'en fallait beaucoup que la France eût alors assez de ressorts pour faire mouvoir une machine si vaste et si compliquée, dont le poids l'écrasait.* — Zadig 143: *Des soldats ennemis lui enlevaient sa maîtresse, et il la défendait contre eux.*

Beaumarchais, Le mariage de Figaro II, 25: *Ah! le ruban! mon joli ruban! je l'oubliais!*

Daudet, Le petit Chose 17: *Au bout d'un mois, la vieille Annou tomba malade. Les brouillards la tuaient; on dut la renvoyer dans le Midi.*

Bel-Ami 130: *Clotilde, en proie à une sorte de crise nerveuse, les mains sur sa face, étouffait, suffoquait.* — 307: *Elle crevait de misère; c'était visible. Elle avait peut-être encore un mari qui la tuait de coups.* — 343: *Lui ayant donné son ombrelle qu'elle oubliait, il reprit, etc.*

Vgl. z. B. Hölder, S. 59 oder eine beliebige Grammatik.

IX.

Imperfectum futuri.

Crestien, Löwenritter 5845: *Et la dameisele i estoit Qui sa seror deseritoit* ('zu enterben dachte').

Voltaire, Zaïre II, 1: *Enfin, lorsqu'elle touche au moment souhaité Qui la tirait du sein de la captivité, On la retient.*

Scribe, Le verre d'eau II, 9: *Je venais annoncer à cette jeune fille que je la plaçais à trente lieues de Londres.* Michelet, Histoire de la révolution I, 187: *Dangereux piège. Ou l'Assemblée cédait, se mettait en activité et consacrait ainsi la séparation des ordres, ou bien elle se déclarait insensible aux malheurs publics.* — I, 237: *Beaucoup avaient dit qu'ils partaient, et ils restaient à Versailles.*

Vgl. z. B. Mätzner, yntax, I, 82; Gramm. 322.

X.

In Bedingungssätzen.

a) Im Hauptsatz.

Joinville 162: *Tuit estoient perdu, se ce ne fust li cuens d'Anjou . . ., qui les ala rescourre.*

Froissart II, 82: *Et veoient bien, se il estoient pris, il estoient mort.* — VII, 459: *Et se son frère li contes Aymons de Kent euist esté à ce parlement, il estoit ordonné dou faire morir, mais point n'i fu.*

Rabelais 53: *La ferueur de tes estudes requeroit que de long temps ne te reuocasse de cestuy philosophicque repous, si la confiance de nos amys et anciens confederez ne eust de present frustré la seureté de ma vieillesse.*

Voltaire, Siècle de Louis XIV 219: *Cependant, si le général anglais ne marchait pas au secours de l'empereur, la maison d'Autriche semblait perdue.* — Zadig 214: *S'il avait été vertueux et s'il eût vécu, son destin était d'être assassiné, lui-même.*

Beaumarchais, Le mariage de Figaro III, 14: *En robe ici, seigneur Brid'oison! Ce n'est qu'une affaire domestique: l'habit de ville était trop bon* (elliptisch).

Bel-Ami 419: *S'il ne savait rien, tout pouvait s'arranger encore.*

Der aus Bel-Ami zitierte Satz ist Inhalt einer Reflexion, also dem Falle Froissart II, 82 ähnlich. Ein Beispiel derselben Art wird schon, aber als Ausnahme, aus dem Roman de Rou II, 413 von Klapperich, S. 20 angeführt. In selbständigen Konditionalfügungen scheint dagegen das Imperfekt im ältesten Französischen

unbekannt. Im Neufranzösischen kommt es bisweilen vor, wenn die
Bedingung in der Vergangenheit nicht verwirklicht wurde. Über
sein Vorkommen bei verwirklichter Bedingung siehe Perfekt II, γ.

───────

β) Im Nebensatze.

Cumpoz 313: *Nuit est tute pleniere La u nen at lumiere;
E tuz tens durereit, Se li soleilz n'esteit.*

Aliscans 372: *Se n'en avoie reproce de Mahon, Ja
l'averoie tué à .I. baston.*

Crestien, Cligés 786: *Li penon sont si coloré Con s'il
ierent d'or ou doré.* — 2223: *Et bien set qu'il n'i faudroit
mie, Se il li requeroit s'amie.* — Löwenritter 3947: *Se li
jaianz et vostre fil Venoient demain a tel ore, Que n'i face
trop grant demore.*

Les 100 nouv. nouv. I, 171: *Ma dame il y a bien remède,
s'il vous plaisoit.* — *Créez qu'il ne me plaist pas.*

Rabelais 12: *Si cependent vous suruenoit quelque mal,
ie me tiendray pres.*

Molière, George Dandin III, 4: *Va-t'en vite ... prier
mon beau-père et ma belle-mère de se rendre ici ... et s'ils
faisaient quelque difficulté à cause de l'heure, ne manque pas
de les presser.*

Voltaire, Zadig 168: *Je serais perdue de réputation,
et tout le monde se moquerait de moi si je ne me brûlais pas.*

Scribe, Bertrand et Raton VI, 10: *S'il vous arrivait
quelque chose, si on vous arrêtait — tu diras: Je suis Éric
Burkenstaff.*

Augier, La ciguë II, 5: *C'est bien plutôt Paris, dont
l'ardente nature Dans la joie ou le deuil n'a jamais de mesure,
Qui, si vous l'évinciez, serait homme à mourir.*

Daudet, Le petit Chose 20: *Si nous les envoyions
dans une manécanterie! dit Madame Eyssette* (elliptisch). — 33:
*Maintenant si vous aviez besoin d'un cartable il fallait vous
mettre à genoux pour l'obtenir* (= Temporalsatz).

───────

Im ältesten Französischen kam das Imperfekt des Indikativs
im Bedingungsnebensatze überhaupt nicht vor; siehe Klapperich
S. 22.[1] Als es später auftritt, kommt es zumeist in abhängigen

───────

[1] Das im Jonasfragmente vorkommende *si perdut erent* wird
dieser Behauptung Klapperichs von Burgatzcky, S. 126 entgegen-

Konditionalfügungen vor, wie im zweiten Beispiel aus C l i g é s ; vgl. K l a p p e r i c h , S. 19 ff., B u r g a t z c k y , S. 6 ff. Bald wird es jedoch auch im selbständigen Konditionalverhältnis gewöhnlich, sowohl im s. g. irrealen als im potentialen Fall. Da man für diesen letzten Fall auch sehr oft das Präsens mit *si* und *au cas que* etc. mit Konjunktiv gebrauchte, wurde seit dem XVIII. Jahrhundert die Anwendung des Imperfekts im irrealen Fall die gewöhnlichste. Seine Anwendung im potentialen Fall behielt sich jedoch immer als eine ziemlich häufige; vgl. die Zitate aus M o l i è r e , S c r i b e und A u g i e r .[1] Dabei macht sich der Ausdruck als ein bescheidener deutlich fühlbar, und er kommt auch hauptsächlich im Gespräch vor.

XI.

Attraktion und Dissimilation.

α) A t t r a k t i o n .

H e n r i d e V a l e n c i e n n e s 382: *Nostre gent penoient d'els aprocier au plus ke il p o o i e n t .*

J o i n v i l l e 154: *Et li maistres artilliers lour bailloit ars si fors comme il les p o o i e n t teser.* — 270: *Il aloient traire aus lyons en ferant des esperons tant comme il p o o i e n t .*

L e s 100 n o u v. n o u v. I, 159: *Qui estoit mal contente, c'e s t o i t nostre espousée.*

R a b e l a i s 84: *Ceulx de la ville deffendoyent le mielx que p o u u o y e n t .* — 160: *C'e s t o i t a vous a qui Paris debuoit adiuger la pomme d'or.*

V o l t a i r e , S i è c l e d e L o u i s XIV 161: *C'é t a i t pour la première fois qu'on lui confiait un commandement.* — 162: *C'é t a i t pour la seconde fois que ce beau pays était désolé sous Louis XIV.*

D a u d e t , L e p e t i t C h o s e 23: *Ce n'é t a i t pas seulement ma blouse qui me distinguait des autres enfants.*

B e l - A m i 186: *C'é t a i t peut-être la dernière fois qu'il regardait son visage.*

---

gestellt. Besser fasst man aber diese Stelle mit K o s c h w i t z , C o m - m e n t a r z u d. ä l t. f r z. S p r d., S. 165, als Plusquamperfekt auf. Vgl. Kap. VII, Plusquamperfekt.

[1] Unbegreiflich ist, dass dies von so vielen Grammatikern übersehen worden ist. H a a s e , G a r n i e r , S. 44, bezeichnet diesen Fall im sechzehnten Jahrhundert als einen seltenen; L ü c k i n g , S. 226, behauptet, er komme nur unter gewissen (unhaltbaren) Bedingungen vor. Eine richtigere Auffassung findet sich z. B. bei A y e r , S. 565, S e e g e r II, 143, Anm. 2.

Oft unterbleibt die Attraktion für das Präsens, z. B. Le petit Chose 12: *C'est lui qui marchait devant*, 18: *C'est Jaques qui les faisait*. Vgl. Hölder, S. 380. — Statt des Plusquamperfekts, das in der Umschreibung mit *être* nicht vorkommt, wird das Imperfekt (oder Präsens) angewandt, z. B. Atala 53: *C'était là qu'on avait creusé un immense tombeau*. Vgl. Perfekt VIII, α.

β) Dissimilation.

Joinville 615: *Les ungz prindrent le chemin du villaige dont estions partis, les aultres prenoient le plus court en leur ost.*

Rabelais 13: *Soubdain qu'il feut nay, ne cria, comme les aultres enfans, mies, mies, mies: Mais a haulte voix s'escrioit: a boyre, a boyre, a boyre, a boyre!*

Voltaire, Siècle de Louis XIV 398: *Elle [l'Académie des belles-lettres] fit à peu près dans l'histoire ce que l'Académie des sciences faisait dans la physique; elle dissipa des erreurs.* — 401: *Il écrivit au premier cardinal de Retz: Vous venez de prendre le sceptre des rois et la livrée des roses. Il écrivait de Rome à Bois-Robert, etc.*

Duruy, Histoire de France I, 580: *Louis XI fut également célèbre par ses vices et par ses vertus, et, tout mis en balance, c'était un roi* (trotz der Zusammenfassung; Duruy zitirt diesen Satz aus Duclos).

Möglicherweise sind diese Fälle auch nach Imperfekt II, α, 3, III, η, die Verba *dicendi* noch nach Imperfekt V, zu beurteilen. In welchem Grade der eine oder der andere Gesichtspunkt für den Schreiber sich geltend gemacht hat, ist nicht festzustellen. Ähnlichen Zweifel erregen mehrere der zu Imperfekt II, α, 3 gehörigen Fälle.

XII.

Gleichwertigkeit mit anderen Zeitformen.

α) Mit dem Präsens.

1) Ausserhalb des Objektsatzes.

Alexis 81: *O filz, cui ierent mes granz hereditez, Mes larges terres dont jo aveie asez?*

Crestien, Löwenritter 4891: *Anquenuit avroiz buen ostel.* — *Je ne demandoie hui mes el.*

Auc. et Nic. 8: *Sire visqueus, c'avés vos fait de Nicolete, ma tresdouce amie, le riens en tot le mont que je plus amoie?*

Jean de Condé I, 205: *Trop l'ai, fait elle, despitié, Si ai tort, que je le devoie Amer et proumis li avoie.*

Molière, Le malade imaginaire III, 20: *Hélas! faut-il que je perde mon père, la seule chose qui me restait au monde?*

Racine, Athalie II, 2: *J'ignore tout le reste Et venais vous conter ce désordre funeste.*

La Fontaine III, 2: *Je devais par la royauté Avoir commencé mon ouvrage.* — III, 14: *Quand voyant l'âne même à son antre accourir: Ah! c'est trop, lui dit-il: je voulais bien mourir, Mais c'est mourir deux fois que souffrir tes atteintes.*

Molière, Le Tartufe V, 1: *Le pousser est encor grande imprudence à vous, Et vous deviez chercher quelque biais plus doux.*

Beaumarchais, Le mariage de Figaro III, 9: *C'est que ma maîtresse a ses vapeurs. J'accourais vous prier de nous prêter votre flacon d'éther.*

Scribe, Bertrand et Raton I, 3: *J'avais auprès de Votre Majesté une mission.*

Augier, La ciguë I, 1: *Le sort plus à souhait ne pouvait vous servir: La voici.*

Daudet, Le petit Chose 362: *Tout ce que je fais, je devais le faire.*

Bel-Ami 48: *Te voilà! à cette heure-ci! que me voulais-tu? . . . Eh bien,' je venais . . . je venais te demander un coup de main.* — 384: *Tiens. C'est ta part de bénéfice dans l'affaire du Maroc. J'étais si contente d'avoir gagné cela pour toi.*

Wie Mätzner, Gramm. 320, und Robert, S. 161, richtig angeben, sind solche Imperfekta Ausdrücke der bescheidenen, sogar der verlegenen Behauptung; sie haben daher im anspruchslosen Gesprächston ihren Platz. — Das früher auf diese Weise oft gebrauchte Imperfekt der Modusverba (über die Erklärung dieses Gebrauches siehe Kap. VII) wird seit dem XVIII. Jahrhundert selten; siehe z. B. Voizard, Etude sur la langue de Montaigne, S. 121, Haase, Syntax, 102. Beispiele bieten noch La ciguë und Le petit Chose.

---

2) Im Objektsatze.

Joinville 24: *Li sainz roys se esforça de tout son pooir
... de moy faire croire fermement en la loi crestienne ... Il
disoit que nous deviens croire si fermement les articles de la foy,
que etc.*

La Fontaine VII, 12: *La dame au nez pointu répondit
que la terre Etait au premier occupant* (als allgemeine Sentenz).

Fénelon, Thalès 269: *C'est le premier des Grecs qui
ait enseigné que les ames étoient immortelles.*

Voltaire, Zadig 126: *Il était fermement persuadé que
l'année était de trois cent soixante et cinq jours et un quart...
et que le soleil était au centre du monde.*

Beaumarchais, Le mariage de Figaro I, 1: *Tu
croyais, bon garçon, que cette dot qu'on me donne était pour
les beaux yeux de ton mérite?*

Musset, Margot 574: *Nous avons appris que vous étiez
malade, et nous prions Dieu qu'il vous conserve.*

———

Der nicht seltene Gebrauch, Sätze, die auch in dem Augenblick
der Aussage Geltung haben, durch das Imperfekt auszudrücken, wird
von Francisque Wey, Remarques I, 300 getadelt. Er
richtet sich gegen das hier aus Voltaire zitierte Beispiel und
sagt: „*Voltaire oublie souvent que l'imparfait ne doit pas désigner
une action qui a lieu à l'instant où l'on parle.*“ — Brunot
aber bezeichnet das Präsens in solchen Sätzen als gebräuchlich nur
von „*vérités éternelles*“ (S. 483 f.). Ein anderes Verhältnis ist
das in folgendem Satz vorliegende: *Je croyais que vous
étiez malade* (Lücking, S. 233); der Inhalt des Nebensatzes
ist dabei nicht für die Zeit der Aussage wahr; man kann also
nicht das Präsens anwenden; vgl. Brunot, a. a. O. (Das Deutsche
erweist die entgegengesetzte, für Ausländer höchst auffallende Eigen-
tümlichkeit, das Präsens des Konjunktivs im Objektsatze auch von
dem völlig Vergangenen anzuwenden.)

β) Mit dem Plusquamperfekt.

Alexis IV 38: *Lors li dist en plourant comment la chose
alloit.*

Raoul de Houdenc, Meraugis 67, 18: *Lors prent
l'escu, sel va porter Arrieres là où il pendoit.*

Commynes 267: *Et apres ces parolles, part et s'en va de
là où il venoit.*

———

Im Altfranzösischen waren solche Imperfekta sehr gewöhnlich; Schlutter hat 148 Fälle bei Commynes gefunden (S. 43). Im Neufranzösischen kommen sie wohl kaum vor; Seeger bemerkt I, 19, Anm. 1, dass das Imperfekt sich mit dem Plusquamperfekt berühre, und zwar mit Recht. Es handelt sich aber bei ihm um solche Fälle, die hier unter Imperfekt II, α, 1 besprochen wurden.

C. Erstes zusammengesetztes Perfekt.

I.

Logisches Perfekt.

α) In perfektischer Bedeutung.

Alexis 1: *Tot est mudez [li siecles], perdude a sa color.* — 71: *Ore ai trovet ço que tant avons quis.*

Crestien, Löwenritter 1548: *Si li a dit: Mes sire Yvain, Quel siegle avez vos hui eü?*

Rabelais 100: *Tres-illustres et tres-cheualereux champions . . . vous auez nagueres veu, leu, et sceu les grandes et inestimables chroniques de l'enorme geant Garyantua* (Prolog des zweiten Buches).

Voltaire, Siècle de Louis XIV 8: *L'Allemagne n'était point alors aussi florissante qu'elle l'est devenue depuis; le luxe y était inconnu, et les commodités de la vie étaient encore très rares . . . Elles n'y ont été portées que vers l'an 1686 par les réfugiés français.* — 315: *Jamais femme n'a conservé plus longtemps sa beauté.*

Duruy, Histoire de France II, 720: *La science économique a établi qu'il faut multiplier les moyens d'échange pour rendre le commerce florissant.*

Über Bedeutung und Anwendung des logischen Perfekts siehe Kapitel VII zum Perfekt I. — Dass es sich statt des zusammengesetzten Futurs anwenden lässt, ist wohl bekannt und schon seit Dubois' Zeit (1531) unaufhörlich wiederholt worden.

β) In plusquamperfektischer Bedeutung.

Roland 2665: *Pois qu'il l'a dit, mult s'en est afichiez.* — 3110: *Cum ad oret, si se drecet en estant.*

Crestien, Cligés 3696: *Quant la parole a antandue Cligés, que cil venoit criant, N'an ot mie son cuer riant.*

Elie de Saint Gille 2591: *La fu grans li assaus de la crestienté Li paien se desfendent, qui as murs sont monté.*

Rutebeuf II, 126: *Quant il ont le convers oï, Durement furent esbahi.*

Larivey: *Je ne me suis pas si tost excusé . . . que Dame Clémence et celui-cy commencèrent* (von Vogels zitiert, S. 442).

Chateaubriand, Atala 109: *A peine a-t-il prononcé ces mots, qu'une force surnaturelle me contraint de tomber à genoux.*

Duruy, Histoire de France II, 664: *A ce moment, Napoléon peut former une colonne de quatre bataillons de la garde; mais il est trop tard: l'artillerie anglaise a reparu sur la crête.*

Es ist nur eine logische Folge der Verlegung des Erzählten in die Gegenwart, durch das historische Präsens, dass das zusammengesetzte Perfekt dabei die Rolle eines Plusquamperfekts übernimmt. Notwendig ist indes diese Konsequenz nicht; z. B. Duruy, Histoire de France II, 646: *Schwartzenberg, qui pendant l'absence de la petite armée française s'était avancé jusqu'à Provins ..., s'effraye de la voir revenir sur son flanc.* Selten ist dagegen, dass es sich so mit einem einfachen Perfekt oder Imperfekt verbindet, was indes einige der Beispiele zeigen; vgl. andere bei Mätschke, S. 20 f., 31, Vogels S. 472, Haase, Garnier, S. 41.[1])

II.

Erzählendes Tempus.

Passion 6: *Cum cel asnez fu amenaz, De lor mantelz ben l'ant parad.*

Alexis 25: *Ne l'reconurent ne ne l'ont enterciet.* — 67: *En tant dementres com il iloc ont sis Deseivret l'aneme del cors saint Alexis.*

Crestien, Cligés 218: *Bien a li vaslez espleitié De quanqu'il a quis et rové, Que ses pere li a trové Tot quanque il vint a creante.*

---

[1]) Ein paar von Haase in der Syntax des XVII. Jahrhunderts angeführte Beispiele haben keine ausgeprägte plusquamperfektische Bedeutung.

Jourdain 2748: *Endementiers qu'il a ce devise Furent il ju des Turs avironne.*

Flore et Jeanne 95: *Il en vindrent au chevalier, et li ont monstré aukes bien la besongne; et il lor respondi, etc.*

Villehardouin 238: *Si revenrons à Henri, le frère l'empereor Baudoin, qui a sejorné à Pamphyle tresque à l'entrée de l'iver.*

Joinville 154: *Ce vendredi prochain, qui passez est, nous nous sommes deffendu à aus, nous à pié et il à cheval.*

Les 100 nouv. nouv. I, 137: *Si tost que je vous ay ouy respondre je coigneuz bien que c'estiez vous.*

Molière, Le malade imaginaire II, 10: *En passant par devant la chambre d'Angélique, j'ai vu un jeune homme avec elle qui s'est sauvé d'abord qu'il m'a vue.*

Racine, Phèdre V, 6: *Un effroyable cri, sorti du fond des flots, Des airs en ce moment a troublé le repos; Et du sein de la terre une voix formidable Répond en gémissant à ce cri redoutable. Jusqu'au fond de nos cœurs notre sang s'est glacé: Des coursiers attentifs le crin s'est hérissé. Cependant, sur le dos de la plaine liquide, S'élève à gros bouillons une montagne humide.*

La Fontaine VI, 5: *Je l'allais aborder, quand d'un son plein d'éclat L'autre m'a fait prendre la fuite.*

Voltaire, Siècle de Louis XIV 423: *Si Pope, qui est venu après lui, n'avait pas, sur la fin de sa vie, fait son „Essai sur l'homme", il ne serait pas comparable à Dryden.*

Musset, Il ne faut jurer de rien I, 1: *Quand vous êtes venu, j'étais à la fenêtre et je vous ai vu arriver.*

Romania I, 355: *C'est monsieur de Beauvoire, Tout jeun' s'est marié. Na pris un' femm' si jeune Qu'ell' se sait pas habillier. Ne l'a pas guèr' gardée, L'a que gardé trois jours. Lui ont envoyé une lettre Qu'en guerre il faut aller . . . Beauvoir fut pas en guerre, Que les cochons n'a gardé. Les a gardés sept ans, Sans rire ni chanter, etc.* (Romanze im Jahre 1668 aufgezeichnet.)

Bel-Ami 51: *C'est que j'ai travaillé hier soir très tard. — 210: Ça l'a bouleversé, dit-elle. Quand j'ai parlé d'un prêtre, sa figure a pris une expression épouvantable. — 211: Son père et sa mère sont morts comme il était tout jeune.*

In der altfranzösischen Dichtung ist das erste zusammengesetzte Perfekt eins der hauptsächlichen Tempora der Erzählung;
am häufigsten kommt es in dieser Funktion mit dem historischen
Präsens abwechselnd vor. In der alten Prosa dagegen ist dieses
Perfekt im Allgemeinen sehr selten, wie namentlich aus Villehardouin, Joinville und den Nouvelles des XIII. und
XIV. Jahrhunderts ersichtlich.[1]) Mit dem Erlöschen der *chansons-
de-geste*-Literatur nahm sein Gebrauch in Erzählungen in weiterem
Umfange ab; er hält aber noch an, und zwar mit dem Präsens abwechselnd, wie das Zitat aus Racine beweist: mehr Beispiele
bei Brinkmann, S. 134 f. (aus Méry)[2]). Als eine Fortsetzung
dieses Gebrauchs dürfte wohl auch das häufige Vorkommen des
zusammengesetzten Perfekts in echt volkstümlichen Erzählungen,[3])
besonders in Romanzen, anzusehen sein; vgl. das Zitat aus der
Romania. Auch allein kommt bisweilen die Form in der Geschichte mit deutlich historisch-perfektischer Bedeutung vor, wie
aus Siècle de Louis XIV 423 zu ersehen ist. Indes wird ein
ganz analoger Fall aus einem anderen Geschichtsschreiber vom
Dictionnaire grammatical (1768) kritisiert: von einem
abgestorbenen Regenten kann man nicht: *il a succédé à son
père* sagen, nur: *il succéda à son père* (a. O. unter Prétérit).

Als logisches Perfekt bestand indes das erste zusammengesetzte
fort, und damit war mehr oder weniger notwendig seine Anwendung
in der Erzählung des Selbsterlebten oder der Ereignisse des All-
tagslebens verbunden. Im XVI. Jahrhundert war jedoch dieser Gebrauch sehr beschränkt; erst in neuerer Zeit ist er allgemein und
obligatorisch geworden. Die Frage ist von den Grammatikern lebhaft
diskutiert worden. Wir heben daraus nur das Hauptsächlichste
hervor. Garnier (1558) scheint das zusammengesetzte Perfekt
nur als logisch-perfektisches Tempus zu kennen; H. Estienne
dagegen kennt es auch in seiner historisch-perfektischen Funktion,
obwohl er dieselbe als wenig richtig bezeichnet. Nach einigen
kürzeren Auslassungen ähnlichen Inhalts in seinem *Traicté* (1569,
S. 63), erklärt er in seinen *Hypomneses* (1582, S. 191):
"*Gallus, verè Gallus, et inter purè loquentes educatus, dicet de
Petro qui eo ipso die ad ipsum venerit, Pierre est venu à
moy, vel, Il a parlé à moy. At verò si Petrus ad eum non*

---

[1]) Henri de Valenciennes dagegen macht vom ersten zusammengesetzten Perfekt in der Erzählung einen ziemlich häufigen Gebrauch.
[2]) Lücking sieht in einem solchen Perfekt den Ausdruck „eines ungewöhnlich schnell eintretenden Ereignisses" (S. 232); vgl. das zweite
zusammengesetzte Perfekt.
[3]) So ist wohl auch der häufige Gebrauch dieser Zeitform bei
Larivey zu erklären. Vgl. Vogels, 471. Indes ist die echt volkstümliche Erzählung dem einfachen Perfekt keineswegs abhold; vgl. z. B.
die Auszüge solcher Literatur in Ch. Nisards *Langage populaire
ou patois de Paris*.

*venerit eo ipso die, sed vel pridie, vel multis ante diebus, atque
adeo mensibus, quin etiam annis, dicet, P i e r r e v i n t à m o y,
vel, I l p a r l a à m o y".* Ausländer und Wallonen dagegen sagen
unrichtig *est venu à moy* von einem vorhergehenden Tage. *"Fateor
alioqui posse dici I l e s t v e n u, de eo etiam qui ante illum diem
venerit: sed hoc est discrimen, quòd, quum dicis I l v i n t, auditor,
etiamsi nihil addas, intelligit, eum non éo ipso quo hoc dicit die
venisse: at si, I l e s t v e n u, incertus erit an eo ipso die, an
verò ante eum diem: sic tamen ut potius de eo ipso die intelligat:
quoniam si id factum ante eum diem fuisset, existimaret te
dicturum potius fuisse, I l v i n t. Denique, sicut dicendum est,
P i e r r e e s t a u i o u r d h u y v e n u v e r s m o y... non autem,
P i e r r e v i n t a u i o u r d h u y v e r s m o y... ita vicissim dicendum est, P i e r r e v i n t h i e r v e r s m o y: potius quam P i e r r e
e s t v e n u h i e r v e r s m o y. Fateor tamen priorem illum
abusum magis etiam quàm hunc aures offendere".* M a u p a s
(1625) und O u d i n (1640) widersprechen sich selbst. Sie erklären
zuerst, dass das zusammengesetzte Perfekt immer auf die gegen-
wärtige Zeit hinweist oder auf eine verflossene *mais non si esloingné
qu'il n'en reste encore quelque portion à passer"* (M a u p a s,
S. 288), was dasselbe ist. Dann erklären sie aber, dass man dieses
Tempus bei *a u t e m p s p a s s é, q u e l q u e f o i s, a u t r e f o i s,
p i e ç a, e n m a j e u n e s s e, d u r a n t m o n e n f a n c e* und
anderen *"parties de nostre aage"* ganz gut anwenden kann. C h i f-
f l e t (1668) findet *H i e r, j' a y b i e n s o u p é* ganz richtig; G i r a r d
(1747) stellt *I l y e u t h i e r d i x a n s q u e j e q u i t a i l a
c o u r* und *I l y a d i x a n s q u e j' a y q u i t é l a c o u r* gleich.
Noch 1788 aber sagt D e W a i l l y: *„Mais s'il y a dans la phrâse
un adverbe ou une expression qui marque un temps entièrement
écoulé, on emploiera le passé défini. Ainsi, au lieu de dire, j' a i
é t é h i è r, la semaine passée, le mois dernier, témoin d'un événe-
ment bién tragique, dites je f u s h i è r, la semaine passée, etc."*
(S. 260). Von dem neunzehnten Jahrhundert an räumt man dem
zusammengesetzten Perfekt entschieden einen erzählenden Gebrauch
ein. L e m a r e (1807) kritisiert die Grammatiker, die diesen Gebrauch nicht zugeben wollen und beschuldigt dieselben der Unkenntnis
des Sprachgebrauchs. L é v i z a c (1822) verzeichnet als richtig *j' a i
é c r i t h i è r; j' a i é t é m a l a d e l a s e m a i n e d e r n i è r e* (II,
85), obwohl er in diesen Sätzen das einfache Perfekt empfiehlt.
A u b e r t i n (1861) sagt, dass man noch *j' a l l a i h i e r c h e z
v o u s, j e n e v o u s t r o u v a i p a s, j e l a i s s a i m a c a r t e*
hören kann, statt des besseren *J e s u i s a l l é,* etc. Jene Erzählungsform aber sei nunmehr nur *"dans les provinces"* zu finden;
dorthin ist sie vom H o i e, wo sie früher passend und gewöhnlich
war, gelangt (S. 351). B r u n o t z. B., um einen der neuesten
Grammatiker zu zitieren, sagt (S. 465): *"Peu à peu du reste le*

prétérit défini, autres fois très employé, sort de l'usage. Les méridionaux seuls s'en servent encore dans la conversation; au nord, on ne le trouve plus guère que dans la langue écrite, et là même on ne peut pas l'employer dans tous les cas". Statt dessen muss das zusammengesetzte Perfekt angewandt werden. Eine interessante Parallele hierzu bildet folgende Bemerkung in einer Kritik von Jules Lemaitre über einen Roman von Ferdinand Fabre: *"En réalité, M. Ferdinand Fabre fait quelquefois parler ses personnages comme ils écrivaient, en style de mandement; mais cette convention, si c'en est une, est des plus efficaces pour l'effet général de ses peintures. Ajoutez que, par un hasard heureux, M. Fabre, étant méridional, prodigue, même dans les dialogues familiers, le passé défini. L'abus qu'il fait de ce temps, qui est, à Paris et dans tout le centre, un temps littéraire, contribue encore à donner aux discours de ses prêtres quelque chose de solennel et de tendu"* (*Revue politique et littéraire* 1886, Sp. 12).[1]) Die angeführten Grammatikerzeugnisse beweisen zur Genüge, wie das zusammengesetzte Perfekt mehr und mehr in der Erzählung der Konversation an Boden gewonnen hat. Indes ist dieses Tempus bei einer längeren Kette von Ereignissen nicht eben so gut anwendbar; diese nimmt gern die Form der Geschichte an. Auch wäre die lange schleppende Form des zusammengesetzten Perfekts fast unerträglich, wenn sie allzu oft wiederkehrte. Ein Kammermädchen erzählt jedoch bei Halévy, *Madame et Monsieur Cardinal* zwei Seiten hindurch ihre Geschichte in zusammengesetzten Perfekten (S. 173 f.). Madame Cardinals Schilderung von ihren Leiden während der Pariser Kommune dagegen geht abwechselnd in einfachen und zusammengesetzten Perfekten. Sie fängt an: *Cardinal n'y resta pas étranger... Il ne rentra qu'à six heures...* Darauf einige Präsentia... *Virginie a tout arrangé. Elle a expliqué... Le marquis a retiré... Il y a eu tout le temps deux hommes dans Monsieur Cardinal... Le lendemain je dis... me répondit-il... Monsieur Cardinal supporta héroïquement le siège... Trois ou quatre fois il fut nommé assesseur... Monsieur Cardinal prit sa place... Trochu nous a livrés aux Prussiens... On a capitulé, on a fait la paix...* Und so weiter in steter Wechselung zwanzig Seiten hindurch. Ähnlicher Wechsel auch im edleren Styl, z. B. *Fromont jeune et Risler aîné*, S. 202: *Oui, Frantz, je vous ai toujours aimé, disait Sidonie. Cet amour, auquel j'ai renoncé autrefois parce que j'étais jeune fille,... cet amour, rien n'a pu l'effacer... Quand j'appris que Désirée vous aimait aussi...*,

---

[1]) In einem Passus in Hortense (S. 10) erklärt Alphonse Karr, es habe ihm das Reisen verleidet, dass er in den Reiseberichten *"ce malheureux prétérit"* anwenden muss.

*je voulus faire le bonheur de sa vie en sacrifiant la mienne,
et tout de suite je vous repoussai pour que vous alliez à
elle. Ah! dès que vous avez été loin, j'ai compris que le
sacrifice était au-dessus de mes forces.* Ein Verfasser dagegen, der
einen ganzen Roman oder ein Novelle — mag dieselbe auch nur die
trivialsten Tagesereignisse berühren — in der ersten Person nieder-
schreibt, behandelt die Tempora etwa wie in der Geschichte; z. B.
Droz in *Monsieur, Madame et Bébé,* Halévy in *Madame
et Monsieur Cardinal,* Daudet in *Le petit Chose* u. s. w.

In der Diskussion über das Verhältnis der beiden Perfekta zu
einander ist mehrmals behauptet worden, dass das einfache Perfekt
eine entlegenere Zeit bezeichne. [1]) Schon bei Dubois (1531)
findet sieh diese Ansicht: *"Gallis suum est præteritum perfectum
simplex, quo rem diu præteriisse significant"* (S. 118), wogegen
das zusammengesetzte Perfekt ein *"præteritum perfectum seu modo
seu pridem* (S. 122) genannt wird. Dasselbe ist seitdem unaufhörlich und noch in unseren Tagen wiederholt worden; Brunot (1887)
sagt z. B. S. 465; *"Peu à peu une distinction s'était établie entre
le prétérit défini et le prétérit indéfini. Le premier marquait
un temps plus éloigné. Ex.: Pison nous offensa, Pison
s'est repenti".* Man hat hierbei nicht, wie das von Brunot
zitierte Beispiel zeigt, zwischen historisch-perfektischer und logisch-
perfektischer Bedeutung getrennt. Behält man aber nur die erstere
Bedeutung im Gesicht, so wird man finden, dass das zusammengesetzte Perfekt der neueren Sprache hauptsächtich auf die Wiedergabe eigener Erfahrungen in einer relativ nahe liegenden Zeit beschränkt werden muss; wogegen das einfache Perfekt dadurch, dass
es die Vollendung markiert und durch seine damit zusammenhängende
Rolle in der Geschichte gewöhnlich das Entlegenere darstellt; vgl.
Perfekt III. Oft können sie doch dieselbe Zeitsphäre auf einmal
berühren, wie das Beispiel aus *Madame et Monsieur Cardinal* zeigt; bisweilen kann auch das einfache Perfekt von der nächstliegenden Zeit gebraucht werden, wie unter dieser Zeitform im
Abschnitt I erwiesen wurde.

Es ist noch zu bemerken, dass das erste zusammengesetzte
Perfekt nicht das Imperfekt vertritt; z. B. Madame Cardinal
13: *Il s'est mis à écrire, et, de temps en temps, tout en écrivant,
il s'arrêtait et me disait, etc.*[2])

---

[1]) Vgl. über diese Diskussion die schon zitierte Abhandlung von Berggren, S. 17 ff.

[2]) Vogels führt aus Larivey an: *Ne t'en ai-je pas donné tandisque j'en ay eu,* wo die zweite Verbalform für ein Imperfekt stände.
Aber bei *tandisque* ist der Gesichtspunkt ebenso gut derjenige der Zusammenfassung (: einfaches Perfekt) wie der der Gleichzeitigkeit, welcher
in der Antwort eingenommen wird: *La porte ne t'a-t-elle pas été
ouverte, tandisque tu en avois?* Siehe Vogels a. O. S. 471.

D. Zweites zusammengesetztes Perfekt.

I.

In rein perfektischer Bedeutung.

Roland 1333: *Trenchet l'eschine, unc n'i out quis juin-ture.* — 3094: *Seint Piere fut, si aveit num Romaine, Mais de Munjoie iloec out pris escange* (Gautier: *prit*).

Crestien, Cligés 1553: *Quant ceste chose fu criëe, N' ot pas sa costume obliëe Alixandres.* — 3267: *Au mangier furent tuit assis, Mes orent eü plus de sis, Et Cligés son oncle servoit.*

Löwenritter 470: *De lor joie me resjoï, S'escoutai tant qu'il orent fet Lor servise trestot a tret.* — 4386: *Et mes sire Yvains iert antr'eles, S' ot bien oïes lor conplaintes... Et vit Lunete agenoilliee.*

Ducs de Normandie 10839: *Auques esteient empeirées..., Dementres qu'il n'i out esté.*

Auc. et Nic. 10: *Li quens Bougars de Valence qui sa guerre avoit a furnir, ne s'oublia mie, ains ot mandé ses homes a pié et a ceval, si traist au castel por asalir.*

Amis et Amiles 51: *Et molt tot ot oblié les comande-manz et les ensoignemanz de Ami.*

Joinville 70: *Et en brief tens li veuz se feri ou voile et nous ot tolu la veue de la terre.*

Jean de Condé I, 170: *Cieus cui amours le cuer endame Est venus en l'ostel la dame... A la dame ot s'amour requise.*

Monluc I, 65: *Encores que les ennemis eussent faict de grandz breches, si est-ce que la place ne se feust pas perdue.*

La Fontaine I, 16: *La cicogne au long bec n'en put attraper miette; Et le drôle eut lapé le tout en un moment.*

Scribe, Le verre d'eau II, 8: *C'était un officier qui me poursuivait, et qui, mieux monté que moi, m'eut bientôt rattrapé.*

Musset, Mimi Pinson 640: *Il était à peine connu d'elles; aussi l'eurent-elles bientôt dévisagé des pieds à la tête.*

Daudet, Le petit Chose 209: *Une fois seul le Cévenol donna une telle extension aux affaires, qu'en trois ans il eut payé les Lalouette.*

Bel-Ami 78: *En une heure, il eut terminé une chroni-que qui ressemblait à un chaos de folies.*

In der altfranzösischen Litteratur, besonders in der Poesie,
kam diese Form ohne Einschränkung mit perfektischer Bedeutung
vor, und sie war eine der hauptsächlichen erzählenden Tempora.
In der Prosa war sie in dieser Anwendung weniger gewöhnlich. [1])
Aus dieser Anwendung erklärt sich die älteste Wiedergabe des
lateinischen *mortuus est, natus est*, durch *morz fu, nez
fu*, z. B. Cligés 2621: *Soredamors tel duel an ot Que aprés
lui vivre ne pot, De duel fu morte avueques lui*, selbst wo sie
entschieden historisch-perfektische Bedeutung haben; vgl. H a a s e ,
U n t e r s. S. 92, R u d o l p h S. 30, P e t e r s S. 71. Auch seitdem
die Perfekta *morut, nasquit* geschaffen worden waren (vgl.
B u r g u y), blieben die zusammengesetzten Formen noch lange in
Gebrauch. Im sechszehnten Jahrhundert aber hört die angegebene
Verwendung des zweiten zusammengesetzten Perfekts ganz auf; das
letzte von mir angetroffene Beispiel ist das aus M o n l u c beige-
brachte. [2]) Von da an kommt es so nur ausnahmsweise zur Bezeichnung des Plötzlichen und Augenblicklichen vor. — Die von
t a n t q u e (= *jusqu'à ce que*) eingeleiteten Sätze sind wie die
spanischen mit *f a s t a q u e* I, 147, zu beurteilen. — In P a l s -
g r a v e s und G a r n i e r s Konjugationstabellen ist dieses Tempus
noch nicht eingefügt; jedoch schon D u b o i s kennt es, und zwar
nennt er es ein Perfekt: *„quartum est Gallorum præteritum perfectum indicatiui"* (S. 124); es bedeutet nach ihm *„rem maxime
perfectam, sed ferè olim."* Als *„præteritum perfectum proprium"*
wird es auch von H. E s t i e n n e genannt. Diese Namen stimmten zu
jener Zeit noch mit dem Gebrauch gut überein. Später, als der perfektische Gebrauch eine seltene Eigenheit neben dem plusquamperfek-
tischen wurde, ist es auf der andern Seite natürlich, dass man die
Form als ein Plusquamperfekt aufführte. Diese Anschauung geht
bis in die Zeit M e i g r e t's hinauf, welcher sagt, dass man es
„plus comunement plusque perfet" nennt (S. 92).

In neuerer Zeit haben hauptsächlich C l é d a t (S. 206) und
R u d o l p h (S. 41 ff.) den altfranzösischen Gebrauch als Perfekt
hervorgehoben; unbestimmter R i n g e n s o n , S. 31. — Von dem
neufranzösischen beschränkten Gebrauch spricht jede Grammatik.

II.
Zum Ausdruck der Vorvergangenheit.

α) I m T e m p o r a l s a t z.

P a s s i o n 18: *Cum cho a g d i t et p e r c u i d a t En templum
d e u semper intret.*

---

[1]) H a a s e behauptet sogar, U n t e r s. S. 91 ff., dass bei V i l l e h a r -
d o u i n und J o i n v i l l e diese Zeitform nur perfektische Bedeutung zu
haben scheine, in der That aber plusquamperfektischer Natur sei
Diese Ansicht kann ich nicht teilen.
[2]) Von R i n g e n s o n , S. 31 zitiert.

L é g e r 5: *Et com il l'aut duit de cele art, Rendit lo qui lui l'comandat.*

C r e s t i e n , C l i g é s 1835; *Et quant ot tot son pansé feit, Vers ses conpaignons se retreit.* — 3515: *N'ot pas bien un son chief assis Cligés le hiaume et l'escu pris ... Et remontez estoit lors primes Sor le destrier celui meïmes ... Quant il vit plus de çant banieres Et batailles granz et plenieres.*

V i l l e h a r d o u i n 92: *Et quant cil li ot contée la novele coment il avoient esploitée, si fu si liez qu'il dist qu'il chevaucheroit.*

J o i n v i l l e 126: *Il n'ot guières a lei quant il ot plusours messaiges.* — 144: *Quant il orent ce fait ou dous foiz ou trois, uns de nos serjans tint sont glaive parmi le milieu.* — 224: *Quant je me fu aréez, bien quatre jours après ce que nous fumes venu, je alai veoir le roy.*

L e s 100 n o u v. n o u v. I, 163: *Et quant il y eust fait la révérence, il luy va compter comment, etc.*

R a b e l a i s 30: *Car, soubdain pi ilz feurent entrez en la dicte forest, et que les freslons luy eurent liuré l'assault, elle [la jument de Gargantua] desguaina sa queue.*

F é n e l o n , T é l é m a q u e 49: *Quand il eut cessé de chanter, les Phéniciens étonnés se regardoient les uns les autres.*

V o l t a i r e , S i è c l e de L o u i s XIV 84: *Léopold n'eut pas sitôt signé l'acte qu'il s'en repentit.* — 304: *Lorsqu'il eut fait bâtir les pavillons de Marly, en 1679, toutes les dames trouvaient dans leur appartement une toilette complète.* — 339: *Un an après que nous eûmes perdu son fils, nous vîmes son petit-fils... portés à Saint-Denis.*

M u s s e t , M a r g o t 575: *Il n'en eut pas plus tôt lu les premières lignes qu'il fut obligé de s'asseoir sur un banc.*

S a n d , F a d e t t e 219: *Landry ... ne s'arrêta que quand il eut rejoint la petite Fadetet.*

B e l - A m i 415: *Quant le landau fut arrivé dans la cour de l'hôtel, on voulut retenir Georges à dîner.* — 420: *Dès qu'il l'eut vu, il ne conserva point de doute.*

\. .

Zu bemerken ist J o i n v i l l e 144, wo es sich um eine (bestimmte) Wiederholung handelt; J o i n v i l l e 224, V o l t a i r e 339, wo die eine Handlung der andern eine angegebene Zeit vorangeht; T é l é m a q u e 49, S i è c l e d e L o u i s XIV 304, wo das Verb des Hauptsatzes im Imperfekt steht. Das Gewöhnliche aber ist, dass diese Konstruktion eine Handlung bezeichnet, die einer andern, durch das historische Perfekt (älter auch Präsens) ausgedrückten, Handlung vorausgeht. So bestimmen z. B. B r u n o t (S. 470), B r a c h e t und D u s s o u c h e t (S. 143) den Gebrauch dieser Zeitform im Temporalsatz. H ö l d e r und M ä t z n e r lassen die Unmittelbarkeit aus; U l b r i c h meint, dass durch diese Ausdrucksweise der Eintritt eines Zustandes der Vollendung bezeichnet wird (117), was mit der zuerst angegebenen Auffassung ungefähr zusammenfällt.

β) A u s s e r h a l b d e s T e m p o r a l s a t z e s.

P a s s i o n 85: *Mais nemperro granz fu li dols Chi traverset per lo son cor: Nulz om mortalz no l'pod penser; Sanz Symeons l'ot p e r c o g d e d.*

R o l a n d 383: *Hier main sedeit l'Emperere suz l'umbre; Vint i sis niés, out vestue sa brunie, E o u t p r e i e t dejuste Carcasunie.* — 705: *Ço dit li Reis que sa guere o u t f i n é e.*

C r e s t i e n, C l i g é s 3465: *Si revint la toz esleissiez, Ou ses conpaignons o t l e i s s i e z.* — L ö w e n r i t t e r 408: *Del vilain me parti adonques Qui bien m'o t la voie m o s t r e e.*

F l o r e et J e a n n e 103: *Mesires Rauous revint à la vielle; et elle li conta coument elle avoit parlé à sa dame et çou k'elle li o t r e s p o n d u.*

V i l l e h a r d o u i n 114: *Et lors fu à toz ceste parole retraite, si con l'emperere lor o t r e q u i s e.*

J o i n v i l l e 50: *Et quant il seurent que li roys f u a l e z là, il s'alèrent logier à Chaorse.* — 56: *Car il trouva que li cuens de la Marche, qui o t m a n g i é à sa table le jour de la saint-Jehan, o t a s s e m b l e i tant de gent à armes à Lusignan delez Poitiers comme il pot avoir.*

A l e x i s IV 138 f.: *Dis et set ans entiers il avoit ja esté, Et o u t autant esté en la cité d'Alphis.*

J e a n d e C o n d é I, 14: *Bien entendi quanque dit orent.*

Noch M e i g r e t hat das Beispiel: *j'u fet quant vous arriuates* (S. 96), aber in seinem Jahrhundert schwand dieser früher so gewöhnliche Gebrauch des zweiten zusammengesetzten Perfekts; siehe H a a s e, G a r n i e r 43, S y n t a x 100. — C l é d a t erklärt den altfranzösischen Gebrauch durch die damalige Gleichgestelltheit des Perfekts und des Imperfekts der Hülfsverba *a v o i r* und *ê t r e*

(G r a m m. S. 206). Indes dürfte man wohl auch an die altfranzösische Gewohnheit denken, von Relation zu anderen Handlungen
abzusehen.

E. Einfaches Plusquamperfekt.

I., II.

In präteritaler Bedeutung.

E u l a l i a 2: *Bel a u r e t corps, bellezour anima.* — 9: *Niule
cose non la p o u r e t onque pleier.*

P a s s i o n 21: *Lo fel judes Escarioth Als Judeus v e n g r a
en rebost.* — 37: *Judas cum v e g g r a ad Jhesum Semper li tend
lo son menton.* — 47: *Ensobretot si l'escarnissent: Di nos, pro-
phete, chi t'o f e d r e?* — 78: *Fui lo solelz e fui la luna, Post
que Deus filz suspensus f u r e.* — 83: *De laz la croz estet Marie
De cui Jhesus vera carn p r e s d r e.*

L é g e r 10: *Un comte i aut, prist ent l'estrit: Cil eps nom
a v r e t Evruin.* — 39: *Et com il l'aut tolut lo quieu, Li corps
e s t e r e t sovre l's piez.*

A l e x i s 25: *Ne vos sai dire com il s'en f i r e t liez.*

A n g l o n. B r a n d a n 55: *Mais nepurtant u o l d r e t uetheir
V il deureit par dreit setheir.*

Das letzte mir bekannte Beispiel ist dasjenige aus dem A n g l o -
n o r m. B r a n d a n. — Die Bedeutung kann nur P a s s i o n 83 als
plusquamperfektisch aufgefasst werden, und auch dort nicht mit
Sicherheit. Gewöhnlich hat dieses Plusquamperfekt die Bedeutung
eines historischen Perfekts und, nach neufranzösischer Auffassung,
die eines Imperfekts, z. B. L é g e r 10. Mit einem Partizip, wie
P a s s i o n 78, 105 bildet es die dem entsprechende Passivform. Mit
dem logischen Perfekt berührt sich die Bedeutung P a s s i o n 47.
— Weitere Beispiele giebt F o t h, S. 254.

III.

Im Bedingungssatze.

P a s s i o n 38: *Melz ti f u r a non fusses naz Que me tradas
per cobetad.*

Der konditionale Nebensatz ist zwar verkleidet, das Konditionalverhältnis aber deutlich.

F. Erstes zusammengesetztes Plusquamperfekt.

I.

Als reales Tempus.

α) **Zum Ausdruck der Vorvergangenheit.**

Passion 7: *Per sua grand humilitad Jesus rex magnes sus monted, Si cum prophetes anz mulz dis Canted aveien de Jesu Crist.*

Alexis 67: *Tot dreitement en vait en paradis A son seinor qu'il aveit tant servit.*

Résurrection de nostre sauveur 18: *Quant le cors einoint aveient (Michel: eurent oint), Sur la bère il le meteient (Michel: mirent).*

Villehardouin 50: *Et cum il l'avoient dessevré en un leu, lors recommençoit en un altre.*

Joinville 56: *Et distrent mout de gens que il n'avoient onques veu autant de seurcoz ... comme il ot là.* — 154: *Quant li uns des roys d'Orient avoit desconfit l'autre, si prenoit les povres gens que il avoit conquis, et les vendoit.*

Jean de Condé I, 224: *En tel painne et en tel ahan Avoit jà esté priès d'un an, Quant uns maus son mari touça*

Fénelon Télémaque 21: *A peine le doux souffle d'un vent favorable avoit rempli nos voiles, que la terre de Phénicie disparut à nos yeux.*

Musset, Margot 582: *Depuis qu'elle avait quitté la ferme, Pierrot s'ennuyait de ne plus la voir.*

Daudet, Le petit Chose 30: *Au moins, si j'étais allé droit à lui lorsque la dépêche était arrivée, nous l'aurions ouverte ensemble.* — 116: *Quand j'avais terminé une lettre; je la donnais à Roger pour qu'il la recopiât.* — 182: *Quand j'avais passé, je le sentais encore qui me suivait de loin et me brûlait dans le dos.*

Bel-Ami 396: *A sept heures et demie, comme il avait bu son café, pris deux verres de fine champagne, et fumé, avec lenteur, un bon cigare, il sortit.*

Eigentümlich ist das Beispiel aus der **Résurrection**, wo die Handlungen als einander unmittelbar folgend gedacht werden müssen, und **Michel** daher sich genötigt sah, in der Übersetzung

die Tempora zu ändern. Im Beispiel aus Bel-Ami ist das Plusquamperfekt wohl gewählt worden, um den Gedanken weniger bei
der Aufeinanderfolge der Handlungen als bei der Dauer und Lang-
samkeit der ersten aufzuhalten. In den übrigen Temporalnebensätzen
bezeichnet das Plusquamperfekt Wiederholung, wie Villehardouin,
Joinville 154, Le petit Chose 116; das noch zur Zeit
der zweiten Handlung Dauernde Condé, Musset, Le petit
Chose 182; Verbindung mit Plusquamperfekt im Hauptsatz findet
sich Le petit Chose 30. Mit *à peine* wird es wie das zweite
zusammengesetzte Perfekt gebraucht; siehe Kap. VII. — In den
übrigen Fällen bedarf die Bedeutung des Plusquamperfekts keiner
speziellen Diskussion.

———

β) In perfektischer (imperfektischer) Bedeutung.

Alexis 81: *O filz, cui ierent mes granz hereditez. . . .
Empor tei, filz, m'en esteie penez.* — 82: *Blanc ai le chief
e la barbe chanude; Ma grant honor aveie retenude Empor
tei, filz, mais n'en aveies cure.*

Roland 3948: *Que me loez de cels qu'ai retenuz? Pur
Guenelun erent à plait venut (Gautier: se sont portés caution).*

Auc. et Nic. 6: *Sire, fait li visquens, ce poise moi qu'il i
va ne qu'il i vient ne qu'il i parole. Je l'avoie acatee de
mes deniers si l'avoie levee et bautisie et faite ma filole.*
(S. 8: *Nicolete est une caitive que j'amenai d'estrange tere si
l'acatai de mon avoir a Sarasins, si l'ai levee et bautisie et faite
ma fillole.)*

Joinville 88: *Je vous avoie oublié à dire que, quant
li cuens de Japhe fu descendus, il fist tantost tendre ses trez*
(= S. 254).

Rabelais 55: *Laquelle iusques a present, comme sacree,
ensemble auiez inuiolablement maintenue, guardee et
entretenue.* — 83: *Picrochole soubdain entra en fureur, et
voyant l'espee et fourreau tant diapré, dist: T'auoit on
donné ce baston pour, en ma presence, tuer malignement mon
tant bon ami Hastiueau?*

Voltaire, Siècle de Louis XIV 203: *On prétend qu'il
demanda un régiment au roi, et qu'il essuya la mortification du
refus accompagné de reproches. Ne pouvant réussir auprès de
Louis XIV, il était allé servir l'empereur contre les Turcs dès
l'an 1683. Les deux princes de Conti allèrent le joindre en 1685.*
— 344: *D'ailleurs personne n'ignore avec quelle grandeur d'âme
il vit approcher la mort, disant à madame de Maintenon: J'avais
cru qu'il était plus difficile de mourir.*

Chateaubriand, Atala 58: *J'ai dû hasarder ma vie
pour vous, puisque vous aviez donné la vôtre pour moi.*

Musset, La nuit vénitienne I, 1: *Je l'avais prévu
que cette nuit nous serait fatale.* — I, 2: *Ce petit palais est très
gentil; on m'avait dit que cette pauvre fille n'avait rien.*

Daudet, Le petit Chose 50: *Monsieur est si petit que
je l'avais d'abord pris pour un élève.*

Bel-Ami 22: *Monsieur Forestier, s'il vous plaît?* — *Au
troisième, la porte à gauche.* — *Le concierge avait répondu
cela d'une voix aimable où apparaissait une considération pour
son locataire.* — 71: *As-tu apporté la suite sur l'Algérie?* ...
Duroy, interdit, balbutia: — *Non* — *j'avais cru avoir le
temps dans l'après-midi* — *j'ai eu un tas de choses à faire.*

In dem ersten Zitate aus Voltaire ist die Bezugnahme auf
eine folgende Handlung noch wahrnehmbar: der Verfasser verlässt
den in *demanda, essuya* eingenommenen Standpunkt, um mit Bezug
auf das folgende *allèrent* das zur Zeit dieser letzten Handlung
schon Vorliegende darzustellen. In den übrigen Beispielen aber ist
die Bezugnahme auf die folgende Handlung eine sehr geringe oder
keine. Das Plusquamperfekt erscheint daher teils wie ein historisches Perfekt, wie Auc. et Nic., Bel-Ami 22; vgl. die entsprechenden Abschnitte im Vorhergehenden, und für das Altfranzösische Rudolph, S. 41; teils hat es, und dies besonders in der
ersten Person der bescheidenen Konversationssprache, dem Imperfekt
= Präsens entsprechend, die Bedeutung eines logischen Perfekts;
vgl. Mätzner, Gramm. 327, Lücking, S. 232; für das Altfranzösische Rudolph, S. 41.

II.

In Bedingungssätzen.

Crestien, Löwenritter 3538: *S'ele s'an iert alee fors,
Ne seroit pas an tel martire.*

Auc. et Nic. 8: *Enseurquetot que cuideriés vous avoir
gaeignié, se vous l'aviés asognentee ne mise a vo lit?*

Joinville 348: *Sire Diex, pourquoy nous menaces-tu? car
se tu nous avoies touz perdus, tu n'en seroies jà pour ce
plus povres.*

Rabelais 192: *Veistes vous oncques Diogenes le philosophe
cynic? Si l'auez veu, vous n'auiez perdu la veue, ou ie suis
vrayement foryssu d'intelligence.*

Voltaire, Siècle de Louis XIV 395: *Si un chanoine
de Thorn avait renouvelé l'ancien système planétaire des
Chaldéens . . ., cette vérité était condamnée à Rome.*

Daudet, Le petit Chose 30: *Au moins, si j'étais
allé droit à lui lorsque la dépêche était arrivée, nous l'aurions
ouverte ensemble.*

Das Plusquamperfekt im Hauptsatz bei Rabelais ist sehr
eigentümlich; vgl. Mätzner, Syntax S. 102. — Der Realitäts-
fall ist durch das Zitat aus Voltaire vertreten. Die übrigen
Fälle bezeichnen Irrealität in der Vergangenheit, wofür seit dem
XII. Jahrhundert diese Form mehr und mehr aufkam, ohne Zweifel
Hand in Hand mit dem entsprechenden Gebrauch des Imperfekts.
Indes findet sich schon im Jonasfragment, Verso 20: *E io-
ne dolreie de tanta milia hominum si perdut erent*, wo ein Plus-
quamperfekt im Bedingungsnebensatz der Irrealität vorliegt, vgl.
Koschwitz, Commentar, S. 164, und was wohl als lateinische
Reminiscenz mitten in einer halblateinischen Schrift anzusehen ist.[1]

G. Zweites zusammengesetztes Plusquamperfekt.

Léger 36: *Rendit cel fruit espiritel Que Dieus li avret
pardonet.* — 38: *De lor pequiez que avrent faiz Il les
asolst et pardonat.*

Die Bedeutung ist eine gewöhnliche plusquamperfektische; vgl.
I, 21. Dem historischen Perfekt gleichbedeutend ist dagegen *furet
morte* Eulalia 18; da *furet* gleich *fut* ist, so wird auch *furet
morte* = *fut morte* = *mortua est;* vgl. oben S. 79.

Anmerkungen.

1. Wie im Laufe der Zeit die Rollen des Perfekts und des
Imperfekts in greifbarer Weise verändert wurden, haben wir in
den einzelnen Abschnitten darzulegen versucht, besonders bei Perfekt IV, Imperfekt I; vgl. auch Imperfekt II, γ, 2. Man hat vielfach behauptet,[2] dass der Unterschied zwischen dem Perfekt und
dem Imperfekt im Altfranzösischen noch nicht ausgebildet war. So
gefasst kann der Satz nichts sein: der Unterschied war ein Erbe

---

[1] Foth bringt, S. 275, drei lateinische Beispiele der Anwendung
des Plusquamperfekts im bedingenden Satz; vgl. Mätzner, Syntax I, 102.
[2] Z. B. Foth, a. O. 258, Haase, Unters. 84; Chabaneau,
Brunot; vgl. auch Mätzner, Syntax I, 94.

aus dem Latein und hat sich bis auf unsere Tage, wie in den Schwestersprachen, erhalten; die Kontinuität erfordert also, dass er sich noch im Altfranzösischen vorfand. Wohl aber war er teilweise von anderer Natur. Die angenommene Unterschiedslosheit konnte als eine Folge des mannigfaltigen Gebrauches des Perfekts erscheinen; diesen Gebrauch haben wir aber zu erklären versucht. Die Bedeutung dieser Zeitform war im Grunde dieselbe wie früher und jetzt; die Anschauung von Stil, die Möglichkeit und die Gewohnheit Sätze zu bauen, waren andersartig.

Dazu nahm man an unaufhörlichen und plötzlichen Übergängen weniger Anstoss als in dem jetzigen verfeinerten Stil, wie dies aus allerlei anderen syntaktischen Verhältnissen hervorgeht. Wo ein Perfekt neben einem Imperfekt steht, wie so oft der Fall ist, ist nicht sofort auf Unterschiedslosheit der Bedeutung zu schliessen; vielmehr spiegelt der Tempuswechsel den schnellen Wechsel in der Auffassung des Schreibers ab. Im Constant l'empereur heisst es z. B. S. 3: *Il ot jadis ancienement en ceste cité un empereur; paiiens estoit et fut tenus à sages de sa loi. Il savoit asés d'une siense c'on apielle astrenomie, et si sot dou cors des estoilles,*[1]) wo beziehungslose Konstatierung und Bezugnahme auf die Dauer gewisser Eigenschaften wechselweise die Gesichtspunkte ausmachen, welche die Tempuswahl bestimmen.

Übrigens ist zu beachten, dass die ererbten Grenzen für die Anwendung des Imperfekts im Altfranzösischen überhaupt nicht überschritten wurden. Das von De Wailly angemerkte *gardoit* bei Joinville, wovon schon unter Perfekt V die Rede war, ist eine seltene Ausnahme. Andere Beispiele, die man angeführt hat (z. B. Ebering, Zs. f. r. Ph. V, 338), sind erklärlich und dem heutigen Sprachgebrauch kaum widersprechend.[2]) Wenn in gewissen zeitlichen (II, γ, 2) und inhaltlichen Beziehungen (III, δ) das Imperfekt im späteren Altfranzösischen zu häufiger Anwendung kam, so ist dies nur eine Erweiterung eines mit dem Charakter des Imperfekts zusammenhängenden Gebrauchs. Im Neufranzösischen geschieht die Abwechselung des Perfekts und des Imperfekts nach im Allgemeinen natürlichen Gründen und auf konsequente Weise, was nicht ausschliesst, dass ein- und dieselbe Situation bald von dem einen bald von dem andern Gesichtspunkt aus betrachtet wird, z. B. Télémaque 30: *La première question est de savoir quel est le plus libre de tous les hommes. Les uns répondirent . . . D'autres soutinrent . . . D'autres dirent . . . D'autres s'imaginèrent . . . D'autres crurent . . . D'autres enfin*

---

[1]) Mehr Beispiele bei Körnig S. 36 ff.
[2]) So auch z. B. Rutebeuf II, 288: *Quant il partirent de l'église, Qu'el ne remainsist sanz servise, .I. frere ou .ij. il i lessoient Et tout ainsinques s'en issoient, Et lors restoient clos li huis, Que jà ne fussent ouvert puis.* (Öfters bei Rutebeuf als Zug seiner volkstümlichen Darstellungsweise.)

s'avisèrent de dire ... *Quand mon rang fut venu, je n'eus pas de peine à répondre* ... *Ensuite on proposa la seconde question* ... *Chacun disoit* ... *L'un disoit* ... *Un autre disoit* ... *D'autres soutenoient* ... *Il vint un sage de l'île de Lesbos qui dit* ...

Auch dürfte es wohl vorkommen, dass ohne merkbaren Unterschied im Gedankengang das eine Tempus für das andere gesetzt wird. Darauf deuten schon die Fälle, in welchen die rein formale Dissimilation die Tempuswahl bestimmt; vgl. die Beispiele unter Perfekt VIII, β, Imperfekt XI, β. Andere Fälle ähnlicher Natur werden von Schmitz, S. 215, angeführt.

2. Statt in die Vergangenheit verlegt zu werden, kann eine Handlung, die man nicht absolut sicher bezeichnen will, durch ein Tempus der Zukunft ausgedrückt werden. Infolge davon kann das zusammengesetzte Futur für vergangene mutmassliche Handlungen verwendet werden, z. B. Barbier de Séville IV, 5: *C'est Rosine que ta figure atroce aura mise en fuite.* Indes ist diese Wendung vielmehr einem logischen Perfekt entsprechend. — Eine durchsichtige Ellipse liegt dem Gebrauch des zusammengesetzten Konditionals in ähnlicher Verwendung zu Grunde, z. B. Le verre d'eau IV, 7: *Milord aurait-il encore intercepté ou acheté quelque billet?*

Durch lebhafte Zurückversetzung in die Zeit einer vergangenen Handlung kann die darauf folgende als eine zukünftige mit dem Futur ausgedrückt werden, z. B. Duruy, Histoire de France I, 93: *Les Saxons occupent seulement un point de la Gaule, et n'y laisseront pas de souvenirs;* Demogeot, Hist. de la litt. franç. 248: *Il [Montaigne] offrait bravement d'aller jusqu'à un village voisin, si le mal n'y était arrivé ... Ce n'est pas ainsi que se conduira, soixante ans plus tard, le magnanime Rotrou.*[1]

3. Durch Verdoppelung der Bezeichnungen der Vollendung entstehen die sogenannten *temps surcomposés*, die ihrer Bildung gemäss hauptsächlich der Volkssprache als drastischer Ausdruck der gänzlichen Vollendung angehören. Sie fanden sich im Altfranzösischen kaum oder sehr selten; im XVI. Jahrhundert aber müssen sie schon sehr gebräuchlich und geliebt worden sein, da fast kein Grammatiker jenes Jahrhunderts seit Dubois dieselben zu erwähnen vergisst. Über ihren Gebrauch im Neufranzösischen siehe Zvĕrina, in Herrigs Archiv LXII, 363 ff., Clédat, Nouv. Gr. hist., 217 ff. Dass sie auch im höheren Stil anwendbar sind, beweist unter anderem eine Stelle in Pailleron s Discours

---

[1] Vgl. Correspondenzblatt f. die Gelehrten- u. Realschulen Württembergs XXXIII, 3, 4 (1886): Jäger, Über den Gebrauch des frz. Futurums mit Beziehung auf die Vergangenheit.

académiques (S. 174): *Et quand il en a eu fini avec ce monde, il s'est tourné vers l'autre,* in der Bedeutung eines zweiten zusammengesetzten Perfekts. Übrigens ist gerade diese Form die am weiten häufigste.

Benutzte Litteratur. A. Litteraturwerke (Dramen nach Akten und Szenen, altfrz. Ged. nach Seiten oder Strophen und Versen, übrige Litteratur nach Band und Seiten zitiert. Nur zufällig angeführte Werke werden hier nicht aufgenommen; die übrigen mit möglich kürzester Angabe des Titels). X, XI. Jahrh.: Eulalia. — Jonasfragment. — La passion de Jésus Christ. — Vie de St. Léger. — Vie de St. Alexis (Alexius IV bezeichnet die vierte von Paris gegebene Version, die des XIV. Jahrh's. Paris' Textausgaben sind für diese Werke gebraucht worden). — Chanson de Roland (Gautiers Edition). — XII. Jahrh.: Li Cumpoz Philipe de Thaun. — Aliscans. — Crestien de Troyes: Cligés; Löwenritter (Foersters Ausgabe). — Adgars Marienlegenden. — XIII. Jahrb.: Nouvelles franç. en prose, von Moland und d'Héricault (Constant l'empereur, Ami et Amile, Flore et Jeanne, La comtesse de Ponthieu). — Aucassin et Nicolete (Suchiers zweite Auflage). — Villehardouin (De Waillys dritte Ed.). — Rutebeuf (Jubinals zweite Ed.). — Résurrection de nostre Sauveur und St. Nicholas (in Théâtre franç. au moyen âge von Monmerqué und Michel). — XIV. Jahrh.: Nouvelles franç en prose, herausgeg. von Moland und d'Hericault (Asseneth, Foulques Fitz Warin, Le livre de Troilus). — Joinville (De Waillys Ed. 1874). — Jean de Condé (Scholers Ed.) — Froissart (De Lettenhoves Ed.). — XV. Jahrh.: Les cent nouvelles nouvelles (Le Roux de Lincys Ed). — Commynes (Chantelauzes Ed.). — XVI. Jahrh.: Rabelais (ed. L. Jacob). — Monluc (ed. A. Ruble). — R. Garnier (ed. W. Foerster). — XVII. Jahrh : Corneille. — Molière. — Racine. — Lafontaine Fables (1668—90 nach Büchern und Fabeln zitiert). — Fénelon, Télémaquo (1699 in Oeuvres de Fénelon ed. Aimé-Martin, Paris 1836, Tome III). — XVIII. Jahrh.: Rousseau Confessions (Paris 1832, Lebigre Frères; 1. Aufl. 1781—90). — Voltaire, Siècle de Louis XIV (ed. Charpentier, 8°; 1. Aufl. 1751); Zadig (ed. Dentu, 1882; 1. Aufl. 1748); Zaïre (1732). — Beaumarchais, Barbier de Séville (1775); Mariage de Figaro (1784). — XIX. Jahrh.: Chateaubriand, Atala (1801); René (1802; C. Lévys Ed. 1880). — Scribe, Bertrand et Raton (1833); Le verre d'eau (1840). — Musset, La nuit vénitienne (1830). Namouna (1833); Il ne faut jurer de rien (1836); Margot (1838); Mimi Pinson (1843; alle in Oeuvres de Alfred de Musset, Paris Charpentier 1867). — Augier, La ciguë (1844). — Michelet, Histoire de la révolution françoise (Hachette 1847 ff.). — Sand, La petite Fadette (ed. C. Lévy, 1882; 1. Aufl. 1848). — Sainte-Beuve, Causeries du lundi (1851—57). — Halévy, Madame et monsieur Cardinal (1872). — Daudet, Le petit Chose (Hetzel, 8°; 1. Aufl. 1868); Contes du lundi (Charpentier, 8°; 1. Aufl. 1873). — Duruy, Histoire de France (Ed. von 1881, Hachette). — Maupassant, Bel-Ami (1885, Havard). — Mendès, L'homme tout nu (1888, Havard).

B. Grammatische Litteratur. **Palsgrave**. L'esclaircissement (éd. Génin; erste Aufl. 1530). — **Dubois**, Isagoge (1531). — **Meigret**, Le tretté (ed. Foerster; erste Aufl. 1550). — **Garnier**, Institutio (1558). — **H. Estienne**, Traicté (1569). Hypomneses (1582); Grammatica gallica (d. h. eine 1558 entstandene lat. Uebersetzung H. Estienne's von der Grammatik R. Estienne's: Traicté de

la grammaire française, 1557). — **Oudin**, Grammaire françoise; (2. Aufl. 1640; 1. Aufl. 1633). — **Chifflet**, Essay d'une par-
faite grammaire de la langue françois (1659). — De la Touche,
L'art de bien parler françois (7. Aufl. 1760; 1. Aufl. 1696). —
D'Olivet, Remarques sur la langue françoise (1767). — Diction-
naire grammatical de la langue françoise (Paris 1768). — De
Wailly, Principes généraux et particuliers de la langue
franç. (2, Aufl. 1788; 1. Aufl. 1754 mit anderem Titel). — **Lemare**,
Cours théorique et pratique de la langue franç. (1807). —
Lévizac, L'art de parler et d'écrire correctement la langue
franç. (7. Aufl. 1822; 1. Aufl. Londres 1797). — **Schifflin**, Wissenschaftl.
Syntax der franz. Spr. (1840). — **Erhardt**, Die franz. Temps des
Indicativs vergl. mit den lat. u. griech. Temps (1840; mir nicht
zugänglich). — **Liffman**, Remarques sur les temps et les modes
de la langue franç. (Stockholm 1842). — **Mätzner**, Syntax, (1843 ff).
— Derselbe, Grammatik (2. Aufl. 1877; 1. Aufl. 1856). — **Franke**, Das
franz. Imparfait u. Parfait déf., (Sagan 1852). — **Schmiedt**, Les
tems et les modes du verbe franç. comp. avec ceux du latin
(Halle 1852; mir nicht zugänglich) — **Aubertin**, Grammaire (3. Aufl.
1861). — **Hölder**, Grammatik (1865). — **Darin**, Observations sur
la syntaxe du verbe dans l'ancien français (Lund 1868). —
Geijer, Sur la dérivation et l'emploi des tems de la conjug.
franç. (Upsala 1869). — **Scholle**, Das Imperf. Ind. als Ersatz des
lat. Conj. (1869 in Herrigs Archiv, 44). — **Bertram**, Beiträge
zur Feststellung des gegenwärt. franz. Sprachgebr. (1871;
ibid. 47) — **Bockhoff**, Der syntaktische Gebrauch der Tempora im Oxf. Roland (Münster 1880). — **Vogels**, Der syntaktische
Gebr. der Temp. und Modi bei Larivey (1880 in Rom. Stud. V).
— **Schmitz**, Grammatik (4. Aufl. 1880; 1. Aufl. 1817). — **Lücking**,
Schulgrammatik, (1880). — **Zvěřina**, Kleinigkeiten aus der
franz. Gramm. (1880; in Herrigs Archiv 62). - **Ebering**, Syn-
takt. Studien zu Froissart, (1881; in Zs. f. r. Ph.). — **Klapperich**,
Bedingungssätze im Altfranz. (1882; Frz. Stud. III, 4). — **Ayer**,
Grammaire (3. Aufl. 1882; 1. Aufl. 1876). — **Haase**, Bemerkungen
über die Syntax Pascals (1882; in Zs. f. nfrz. Spr. u. L.) —
Körnig, Der syntakt. Gebr. des Imperf. u. des hist. Perf. im
Altfranz., (Breslau 1883). — **Seeger**, Lehrbuch der neufranz.
Syntax, 1884 — **Berggren**, Några anteckningar om... indi-
kativens imperfekt samt historiskt och presentiskt perfekt
i nyfranskan (Westervik 1884). — **Haase**, Synt. Untersuchungen
zu Villehardouin u Joinville, (Oppeln 1884). — **Schlutter**, Beitrag zur Gesch. des synt. Gebr. des passé déf. u. des imperf.
im Franz., (Halle, 1884). — **Haase**, Zur Syntax R. Garniers (1885
Franz. Stud. V, 1). — **Gräfenberg**, Beiträge zur franz. Syntax
des XVI. Jahrh. (Erlangen 1885). — **Rudolph**, Der Gebr. der Temp.
u. Modi im anglon. Horn, (Braunschw. 1885). — **Clédat**, Grammaire élémentaire de la vieille langue franç. (1885). — Derselbe,
Nouv. gramm. histor. du français (1889). — **Peters**, Der Roman
de Mahomet, eine sprachl. Unters., (Erlangen 1886). — **Brinkmann**, Synt. des Franz. u. Engl. (2. Band; Braunschw. 1885). — **Del-
bœuf**, A propos du passé défini (1886; in Revue de l'instruction
publique en Belgique, XXIX, 2, 3). — **Rabbinowicz**, Grammaire
de la langue franç. (1886). — **Burgatzcky**, Das Imperfekt u.
Plusq. des Futurs im Altfranz. (Greifsw. 1886). — **Robert**, Questions de grammaire et de langue franç. (Amsterdam s. a. 1886).
— **Plattner**, Franz. Schulgrammatik (2. Aufl. 1887; 1. Aufl. 1882).
— **Pio**, Fransk Sproglære (6. Aufl. Kopenhagen 1887). — **Brunot**,

Précis de grammaire histor. de la langue franç. (1887). — **Mätschke**, Die Nebensätze der Zeit im Altfranz. (Kiel 1887). — **Köhler, Syntact.** Untersuchungen über *Les IV livres des rois* (Erlangen 1888). — **Ringenson**, Studier öfver verbets syntax hos Blaise de Monluc (Upsala 1888). — **Malmstedt**, Om bruket af finit modus hos Raoul de Houdeno (Upsala 1888). — **Ulbrich,** Schulgrammatik (1888). — **Brachet und Dussouchet,** Grammaire franç. complète (1888). — **Haase**, Franz. Syntax des XVII. Jahrhs. (1888). — Es war nicht möglich und auch nicht nötig, alle die unzähligen Grammatiken älterer und neuerer Zeit zu benutzen; ich habe diejenigen auszuwählen gesucht, die ausführliche Darstellungen unserer Frage oder orginellere Ansichten über sie haben. Das hier gegebene Verzeichnis kann durch die von **Berggren**, a. a. O, gegebene Liste vervollständigt werden. Wenig Interesse für die hier behandelte Frage haben die bekannten Bücher von **Livet**, La grammaire française et les grammairiens du XVI° siècle (1859) und **Benoist**, De la syntaxe française entre Palsgrave et Vaugelas (1871). Die Speziallitteratur ist, so weit sie mir bekannt und zugänglich war, benutzt und angeführt worden, besonders die neueren Einzeldarstellungen der Syntax gewisser Verfasser. Mehrere solche Darstellungen behandeln indes kaum unseren Gegenstand, wie die Syntax des Verbums bei Molière von **Berg** (1886); zur Syntax Rutebeufs von **Schumacher** (1886) und eine Menge andere; was hier nur darum gesagt wird, damit man nicht eine grosse Zahl „Syntaktische Untersuchungen" der neuesten Zeit als unberücksichtigt vermisse. Ein paar ältere Spezialuntersuchungen, die mir nicht zugänglich waren, sind der Vollständigkeit wegen in das Litteraturverzeichnis aufgenommen worden.

Namen der Tempora. Über diese ganze Frage ist **Berggrens** Abhandlung nachzusehen, der eine Menge Notizen darüber gesammelt und in ein spezielles Kapitel eingetragen hat.

A. Imperfekt. Schon **Palsgrave** nennt es: *The preter imparfit tens;* und Imperfekt ist es auch seitdem zumeist genannt worden. Andere Namen sind: *Relatif,* bei **Borel** (14. Aufl. 1871) und Anderen, siehe Berggren, S. 5. — *Présent relatif* bei **Girard** (1747), **De Wailly** (auch *imparfait*), bei **Knebel** (8. Aufl. 1855). — *Présent ou passé imparfait* bei **Aubertin** (nebst *imparfait*). — *Passé descriptif,* bei **Enblom** (1859; er zitiert dabei F. H. **Dubois**), Modin (vgl. oben I, 163). — *Passé simultané,* bei **Boniface** (1825). — *Passé simultané instantané indéfini,* bei **Lemare**. — *Figuratif [simple],* bei **Rabbinowicz**.

B. Einfaches Perfekt. *Prétérit* bei **Ayer**. — *Præteritum perf. pridem* [auch *simplex*] bei **Dubois**. — *Preter. parf. premier* [auch *simple*] bei **Garnier**. — *Præter. simplex,* bei H. **Estienne**, Gramm. — *Historisches Perfekt* bei **Lücking** u. A. — *Narratif [simple]* bei **Rabbinowicz**. — *Passé narratif* bei **Enblom**, Modin. — *Passé périodique* bei **Lemare**. — *Aoriste [absolu]* bei **Masset, Lancelot, Girard, Städler, Hertel.** — *Parfait [Passé] défini,* bei **Caucius** (1570), **Masset, Maupas, Malherbe.** **De la Touche,** Lesaint und den meisten Neueren. — *Parfait [Passé] indéfini,* bei **Palsgrave** ("The indiffinit tens"), **Pillot Lancelot** (auch *aoriste*), **Aubertin** (auch *prétérit*). — *Perfekt 1* nennt man es in vielen neuen deutschen Abhandlungen.

C. Erstes zusammengesetztes Perfekt. *Perfekt* ohne weiteres ist eine der gebräuchlichsten Benennungen, z. B. bei **Mätzner, Hölder, Lücking, Ayer.** — *Præteritum perfektum* heisst es bei **Dubois**; *second* oder *composé* fügt **Garnier** hinzu; das letzte auch bei H. **Estienne**, Gramm. gall. und mehreren Spätern. — *Prétérit [Passé] absolu* bei **Desmarais** (1707), **Girard**. — *Præsens perfectum* bei **Städler, Rabbinowicz**. — *Parfait [Passé] indéfini* geht gewissermassen von **Dubois** aus; er charakterisiert nämlich dieses Tempus als *indefinitum et indeterminatum;* dieser Namen auch bei **Duwès** (1532, „*Preterit indiffynityve"*), **Maupas**, **Malherbe, De la Touche, Lesaint** und der Mehrzahl der neueren. — *Parfait [Passé] défini,* bei denen, die dem einfachen Perfekt die Benennung *indéfini* geben (**Palsgrave**: „*The preter parfit tens"*). — *Perfekt II* in neueren Abhandlungen.

D. Das zweite zusammengesetzte Perfekt wird gewöhnlich als Plusquamperfekt (II) aufgeführt, oder als *Passé antérieur.* Ausnahmen sind schon unter diesem Tempus angegoben worden.

F. Das erste zusammengesetzte Plusquamperfekt wird seit ältester Zeit einstimmig Plusquamperfekt (I) genannt (**Palsgrave**: „*The preter pluperfit tens"*).

Bemerkungen zum Provenzalischen.

Das Altprovenzalische stimmt mit dem Altfranzösischen völlig überein. Das einfache Perfekt kommt in logisch-perfektischer Bedeutung vor, z. B. **Bertran de Born**: *A mi resta de guerre uns pans. Pustela en son olh, qui m'en partz, Sitot m'o comensei enans!* (S. 41, Thomas' Ausgabe). Es kommt beziehungslos für späteres Imperfekt, vor, z. B. **Boëthius** 28: *Donz fo Boecis, lo corps a g bo e pró, Cui tan amet Torquator Mallios. De sapiencia no fo trop nuallos.* Oder **Peire Cardenal**: *Una ciutatz fo no sai cals, On cazet una ploja tals Que etc.* Dies ist, wie sich erwarten lässt, besonders in der epischen Dichtung der Fall; vgl. z. B. **Girart de Rossilho** überall. In der Prosa dagegen ist seit ältester Zeit der Gebrauch des Perfekts beschränkt; vgl. die von **Armitage** ausgegebenen Predigten; öfter in den Troubadourbiographien. Als Plusquamperfekt tritt das Perfekt auf, z. B. **Boëthius** 190: *Ella medesma teiset so vestiment;* ebenso *vestit* 199.

Das Imperfekt und das erste zusammengesetzte Perfekt funktionieren im Allgemeinen wie im Altfranzösischen. Das erstere kommt im irrealen oder potentialen Bedingungsnebensatz kaum ursprünglich vor; indes schon in einer *charte antérieure à 1144: E se om era o femna quel te tolgues, etc.* (**Bartsch**[4], Sp. 57); **Bernart de Ventadorn**: *No sai domna, volgues o no volgues, Sim volia, qu'amar no la pogues* (Nebensatz zweiter Ordnung); vgl. **Diez** III, 355.

Das zweite zusammgesetzte Perfekt dürfte ausserhalb des Temporalsatzes selten vorkommen; die Ausnahmen fallen nur auf die Epik, z. B. *Lo coms Girartz en pren son cosselh hreu: No laissarai per re per man non leu. El ac la messa auzida a sanh Andreu, I a prejat lo saint e damlideu* (**Girart de Rossilho, Bartsch**[4], 44, wo *ac auzida = auzi); Qu'era se tec Terris per escarnit, Que non ac de vint milia mil acomplit* (*ibid.* 98; wo *ac acomplit = avia acomplit*).

Das einfache Plusquamperfekt und die damit zusammengesetzte Form behielten sich im Provenzalischen weit besser als im Französichen. Zahlreiche Beispiele von deren Anwendung als reale und konditionale Tempora bietet **Foth** a. a. O. S. 255, 277.

Das Neuprovenzalische in seinen Dialekten oder *patois* zu verfolgen, kann hier nicht mehr der Ort sein; vgl. das Vorwort zum ersten Heft, S. VII. So weit ich dasselbe untersucht habe, stimmt es indes völlig mit dem Neufranzösischen überein. Es gibt wohl in **Mistrals** Mireio kaum ein einziges Tempus, das nicht mit der entsprechenden Form in der französischen Übersetzung wiedergegeben ist. Die Grammaire provençale von **Savin'an** (1882) enthält auch betreffs unserer Frage nichts als eine Wiederholung der Hauptregeln in der französischen Grammatik.

Kapitel VII.

Zusammenstellungen und Vergleiche.

Schlussfolgerung.

A. Einfaches Perfekt.

Zu 1.

Den vorhergehenden Erörterungen über logisches Perfekt hat die Ansicht zu Grunde gelegen, dass das logische Perfekt diejenige Auffassung einer ganz oder teilweise abgeschlossenen Handlung bezeichnet, durch welche diese Handlung in irgend einen natürlichen Zusammenhang mit der Zeit der Aussage gebracht wird; im Gegensatz zum erzählenden Perfekt, das die Handlung von der Gegenwart trennt und ganz in die Vergangenheit verlegt. Der Zusammenhang mit der Zeit der Aussage kann sein:

1) Die Wirkung der Handlung wird notwendig oder am natürlichsten als in jener Zeit fortbestehend gedacht; z. B. portug.: *Ao presente toda esta gentilidade barbara se perdeo* ('ist verloren'), afrz.: *Donc n'as tu rien vers moi mespris Ne vers lui n'eüs tu nul tort?* (ein bitteres noch dauerndes Nachgefühl wird vorausgesetzt).

2) Die Handlung wird in jener Zeit abgeschlossen, z. B. span.: *Que es lo que oi?* ('was höre ich?') *No lo he comprendido;* afrz.: *Et por les granz maus que j'ai fez Ving ci fère penitance* ('komme ich').

3) Die Handlung erstreckt sich über jene Zeit hinaus, nur ihr erster Teil ist abgeschlossen, z. B. ital.: *E direi como v'amai lungiamente, Più che Piramo Tisbia dolzemente* (der Dichter liebte noch immer); afrz.: *Ne vi lune ne soloil luire, etc.* siehe oben S. 1.

Die Handlungen, die auf diese Weisen aufgefasst werden, können nicht mit den Gliedern einer Erzählung vermischt werden. Aber an einer gegebenen Stelle kann es oft fraglich sein, ob es natürlicher sei, die Handlung in Zusammenhang mit der Zeit der Aussage zu bringen oder nicht. Dies ist besonders mit alleinstehenden, zeitlich unbezeichneten Handlungen der Fall. Wenn man z. B. deutsch sagt: Waren Sie je in Paris?, so kann dies in der Meinung gesagt werden: Gab es eine Zeit, wo Sie in Paris waren? oder in der Meinung: Haben Sie von Paris persönliche Kenntnis? Daher schwankt auch der Sprachgebrauch zwischen: Waren Sie je in Paris? und: Sind Sie je in Paris gewesen?

Die Zeit der Aussage ist ferner ein dehnbarer Begriff. Damit

kann nicht nur die betreffende Minute oder Stunde, sondern auch
der laufende Tag, die laufende Woche, das laufende Jahr, oder
überhaupt alles, was der Redende als den laufenden Zeitabschnitt[1])
bezeichnet, gemeint werden. Hat dieser Zeitabschnitt eine gewisse
Extension, z. B. die eines Tages, so lässt sich schon ein Teil davon abtrennen und in die Vergangenheit verlegen. Ein Beispiel
davon wurde oben S. 3 aus Marie de France gebracht.[2])
Dieser Art ist diejenige Loslösung der Handlung aus dem laufenden Zeitabschnitt, die durch den Zusatz einer abgrenzenden Zeitbe-
stimmung bewirkt wird, z. B. in *hui matin: Je vig hui matin
cacier en ceste forest* (Auc. et Nic. 28). In solchen Fällen liegt
vielmehr ein historisches als ein logisches Perfekt vor. Das Schwedische beobachtet hier, wie in vielen andern Fällen, sehr genau die
Bedeutungsdiffenrenz und drückt dieselbe konsequent aus. Man kann
in dieser Sprache nur sagen: Ich habe heute einen Brief
bekommen (kaum ich bekam), aber auf der andern Seite auch
nur: Ich bekam heute um acht Uhr einen Brief (nicht
ich habe bekommen).

Es erhellt aus dem Vorstehenden, dass, wenngleich eine Sprache
von Hause aus zwei verschiedene Formen zum Ausdruck der logischen
und der historischen Perfektbedeutung besässe, diese Formen sich so
oft und nahe einander berühren müssten, dass eine Vermengung kaum
vermieden werden könnte. Für die romanischen Sprachen kommt der
Umstand hinzu, dass neben der für das logische Perfekt eigentlich ge-
schaffenen Form, dem zusammengesetzten Perfekt, die Tradition der
Verwendung des einfachen Perfekts in derselben Bedeutung bestand.

In der That werden die drei Kategorien des logischen Perfekts in allen romanischen Hauptsprachen auch durch das einfache
Perfekt ausgedrückt. Im Portugiesischen ist dies sogar allgemeine
Regel, im Spanischen ist es sehr gewöhnlich, im Italienischen ziemlich häufig, im Altfranzösischen nicht selten, im Neufranzösischen
dagegen kaum möglich. In den drei letzten Sprachen hat indes,
wie bereits bemerkt wurde, diese Form des logischen Perfekts eine
Nebenbedeutung von Feierlichkeit, poetischem Flug oder archaisieren-
dem Ausdruck, welche mit dem entscheidenden, der Alltagssprache
widersprechenden Charakter des Perfekts zusammensteht.

---

[1]) Wenn *anuit = hac nocte* die schon verflossene Nacht bezeichnet,
wird man streng genommen in die Vergangenheit versetzt. Wenn daher
z. B. Henri de Valenciennes S. 412 sagt: *Et saciés, sire, ke jou
dormi anuit à Negrepont*, so liegt vielleicht ein historisches Perfekt vor.
Eine Accommodation an den laufenden Tag lässt sich indes sehr gut denken.
Daher sagt man im Schwedischen, dass den Unterschied der Formen übrigens
streng beobachtet, ebenso gut: Ich schlief heute nacht schlecht
und Ich habe heute nacht schlecht geschlafen.

[2]) Ein neufranzösisches Beispiel bei Hölder, S. 58, Anm. 2; wo die
Bemerkung mitgegeben wird, dass die Poesie häufiger als die Prosa und
zwar um Hiatus zu vermeiden, ein solches Perfekt gestattet.

Zu II.

Auch wenn man von der durch die Reduplication bewirkten Intensität in der Bedeutung wenigstens gewisser Perfekta (vgl. I, 4) absieht — denn sie ist für die Bedeutung der Perfekta im Allgemeinen vielleicht nicht von grösserem Belang gewesen —, so liegt doch in der Bedeutung Vollendung und Zusammenfassung schon der Keim einer Bedeutung der intensiven Hervorhebung des wirklich Vollbrachten. Dazu musste eine Kontrastwirkung des Imperfekts hinzukommen: da durch dieses Tempus oft nur das Gedachte, Bedingte, Angenommene oder überhaupt nicht Verwirklichte ausgedrückt wurde, so musste das Perfekt das Tempus derjenigen Handlungen werden, welche die entgegengesetzten Qualifikationen hatten, und zwar um so mehr, je mehr das Imperfekt ein Tempus des Unverwirklichten war, also mehr in den südwestlichen Sprachen als in den übrigen.

Auf diesen Umstand scheint auch wesentlich der Gebrauch des Perfekts in Bedingungsnebensätzen — der Form nach — zu beruhen, damit der Inhalt des Satzes trotz dessen bedingter Form immer kräftig als etwas Reales betont werde.

Zu III.

Der Begriff der Vollendung ist vom Perfekt unzertrennbar. Damit ist indes nicht gesagt, dass derselbe sich bei jeder Gelegenheit deutlich wahrnehmbar macht. Tritt z. B. die Bedeutung des Eintritts in den Vordergrund, so wird gewöhnlich die Aufmerksamkeit weniger auf den Umstand gerichtet, dass die eintretende Handlung zugleich eine vollendete war. Davon verleitet haben einige Grammatiker, unter ihnen L ü c k i n g (S. 218), behauptet, das historische Perfekt bezeichne eine in der Vergangenheit unvollendet gedachte Handlung. Ebenso ist es nicht die w e r d e n d e Vergangenheit — wie sich M ä t z n e r und nach ihm Viele ausdrücken — die durch dieses Tempus dargestellt wird, sondern die g e w o r d e n e Vergangenheit, was von anderer Seite z. B. von D i e z und besonders kräftig von S e e g e r (siehe oben S. 8) mit Fug und Recht betont wird. Auch hier zeigt sich eine deutliche Kontrastwirkung zum Imperfekt, da dieses Tempus vor allem das zu einer gewissen Zeit noch immer Fortdauernde bezeichnet.

Sehr bezeichnende Beispiele von dieser Bedeutung der Vollendung sind die von folgendem Typus, pg. *Pouco a pouco degenerou,* frz. *Petit à petit les ateliers se vidèrent* (vgl. die betreffenden Abschnitte im Vorhergehenden), wo trotz der imperfektischen Qualifikation der Handlung des sich langsam Entwickelnden, das Perfekt gewählt worden ist, offenbar um die Vollendung zu betonen.

Wie in diesem Tempus der Begriff der Vollendung sich gern

zur Vorstellung des schon lange Vollendeten oder zum Gegensatz zu dem gegenwärtig Bestehenden schärft, ist bereits belegt worden. Es wurde auch bereits angedeutet, dass, wenn das Imperfekt in ähnlichen Stellungen vorkommt, dieses Tempus dann auch auf andern Vorstellungen beruhte, wie auf der Vorstellung der Dauer, des Abgebrochenen u. dgl., und dass z. B. Mätzner und Robert mit Unrecht in der imperfektischen Form einen Ausdruck für den Gegensatz zum Gegenwärtigen sahen. Dies ist für das Verständnis der Bedeutungen der beiden Formen von grossem Gewicht.

Scharf betont ist der Begriff der Vollendung auch in den unter *d*) belegten Fällen, wobei die erste Handlung vor der zweiten als vollendet gedacht werden muss. Die angewandten Bindewörter, die *nachdem*, oder *kaum* — *als* entsprechen, oder auch der inhaltliche Zusammenhang geben dieses Verhältnis genügend an. Das Neufranzösische und im Allgemeinen auch das Neuitalienische fordern hier wie die germanischen Sprachen einen speziellen Ausdruck der Relation solcher Handlungen oder der Vorvergangenheit; die übrigen romanischen Sprachen, bezw. Sprachperioden, konnten nach lateinischem Vorgange (siehe I, 1), von diesem Verhältnisse absehen.

Diese Anwendung des Perfekts betrifft die aktive Form ebenso wohl als die passive. Man braucht daher nicht in dieser letzteren eine Plusquamperfektform zu sehen, wie z. B. Rudolph und Mätschke gethan. [1] Im Latein galt schon *amatus fui* als ein Perfekt — *amatus sum* (vgl. I, 20), und die Tendez der Formbildung ging mehr und mehr darauf aus, den Formen der Vergangenheit ihre Bedeutung der Vergangenheit zu nehmen. Auch *amatum habui* war kaum eine plusquamperfektische Form; vgl. I, 20 f.

Indes scheint eine ähnliche Anschauung auch die Form anderer Temporalsätze bestimmt zu haben, derjenigen nämlich, die mit Bindewörtern, die 'als', 'sobald als' entsprechen, eingeleitet werden, z. B. pg. *Quando voltei, e me conturam a sua affeição ao academico, pasmei da boa fé da priminha* (Amor de perdição 56) oder frz.: *On fut bien plus surpris encore quand on le vit renoncer tout d'un coup aux amusements les plus innocents de la jeunesse* (Voltaire, Charles XII, S. 25, ed. Lundberg). Diese Sätze sind typisch für alle romanischen Sprachen; warum sie dennoch im Vorhergehenden nicht mit aufgenommen wurden, wird sogleich erhellen.

Man hat (in der französischen Grammatik) zu wiederholten Malen die Frage aufgeworfen, welches Zeitverhältnis durch dergleichen Perfekte ausgedrückt werde. Die Antwort ist in verschiedener Weise abgegeben worden. Nach Hölder (S. 457),

---

[1] Eine blosse lateinische Reminiscenz dürfte es sein, wenn H. Estienne, Traicté S. 65, *ie sius esveillé* ein Präteritum nennt, obwohl er es mit *ie m'esveille* übersetzt.

A y e r (394), R a b b i n o w i c z (III), bezeichnet das Perfekt in diesem
Falle eine Handlung, die einer andern Handlung vorhergeht. H ö l d e r
gibt dazu das hier aus C h a r l e s XII gebrachte Beispiel. D i e z
drückt sich so aus, (III, 327), dass die Nebensatzhandlung in einen
andern Moment als die Hauptsatzhandlung fällt, was auf dasselbe
auskommt. Nach B e n e c k e (S. 204), P i o (127) und U l b r i c h
(115) wird durch das Perfekt in dieser Stellung der Eintritt einer
Handlung ausgedrückt. Das von P i o gebrauchte Beispiel ist:
*Lorsque Ney v i t tant de belle cavalerie à sa disposition, il
redoubla de confiance et d'audace.* R u d o l p h und M ä t s c h k e
endlich erkennen in diesem Perfekt die Bedeutung der Gleichzeitigkeit, obwohl der letztere sich wenig deutlich ausdrückt (S. 14 ff.).
R u d o l p h hat (S. 25) das Beispiel *Quant Horn le v i t venir,
descent del gareignun* (H o r n 1513), also ein den vorher angeführten ganz analoges. Fasst man das Verhältnis ins Auge, so
muss man gestehen, dass diese Perfekte an und für sich kein be-
stimmtes Zeitverhältnis ausdrücken, wenigstens nicht so, dass z. B.
ein Franzose bei Hörung der Formel *quand il vit* sofort mit deren
Bedeutung im Reinen ist, wie wenn er *quand il voyait* oder *quand
il eut vu* hört. Dies ist auch der Grund, warum diese Sätze unter
keinem der Anwendungstypen des Perfekts angeführt wurden. Untersucht man aber genau den inneren Zusammenhang des Kontexts,
wo Ausdrücke der fraglichen Art vorkommen, so wird man finden,
dass im Allgemeinen, wenn nicht immer, der Sachverhalt ein solcher
ist, dass die Handlung des Nebensatzes, falls sie eine gewisse Dauer
hat, ihrem ersten Moment nach vergangen, ihrer Fortsetzung nach
wenigstens während eines Teiles der Hauptsatzhandlung noch be-
stehend ist. Das *quand on vit* aus C h a r l e s XII ist demnach
so zu verstehen, wie etwa *quand on eut vu et qu'on royait;* oder
wenn es B e l - A m i 176 heisst: *Quand il relut sa note dans le
journal, le lendemain, il la trouva plus agressive,* so muss das
so verstanden werden: Er las ein Stück, dann wurde ein Eindruck
erweckt, der fortbestand, während er weiter las, vielleicht nicht so
lange, vielleicht auch länger. Daraus erklärt sich auch, dass man
die Handlung bald als eine vorhergehende bald als eine eintretende
oder gleichzeitige hat bezeichnen können; die letzte Bezeichnung
scheint indes die am wenigsten konstitutive zu sein. Es ergibt sich
hier also dasselbe Phänomen wie für das Perfekt der Erzählung:
verschiedene Anschauungen (Vollendung und Eintritt) haben beigetragen dieses Tempus dem Nebensatze der Zeit anzuweisen, und es
ist auch hier wesentlich ein Perfekt der Erzählung. Das eine Mal
mag die eine, das andere die andere Anschauung sich geltend machen,
ganz wie bei der Erzählung (siehe I, 10). Die Vorherrschaft des
Begriffes Vollendung scheint indes daraus hervorzugehen, dass oft
das zweite zusammengesetzte Perfekt diesem Perfekt gleichsteht,
z. B. B e l - A m i 420: *Il se précipita à son tour vers l'apparte-*

ment de sa fille. Dès qu'il l'eut[1] *vu, il ne conserva point de doute (eut vu = vit).* Lücking führt sogar die beiden Ausdrucksweisen als gleichwertig auf (S. 220). Auch die Ausdrucksweise der Lateiner bezeugt, dass sie in dergleichen Verbindungen die Nebensatzhandlung als vorhergehend auffassten. Sie sagten bekanntlich mit Vorliebe: *cum vidisset, audivisset. quæsivisset etc.*[2]

Bei ganz momentanen Handlungen wirkt natürlich die Momentaneität mit, um das Perfekt herbeizuführen, z. B. in dem von Lücking angeführten Satz: *Sitôt qu'il en reçut la nouvelle, il partit;* man sagt nur unter ganz besonderen Umständen: *il recevait une nouvelle;* oder span. *Cuando Lázaro concluyó su relato, se sintió el ruido de aplausos* (Fontana de oro 274); vgl. I, 7. Dass völlig gleichzeitige momentane Handlungen durch das Perfekt ausgedrückt werden, ist schon unter III, γ gezeigt worden.

Hiedurch dürfte die Anwendung des Perfekts in den betreffenden Nebensätzen der Zeit begründet worden sein. Die Bedeutung dieses Perfekts tritt um so deutlicher an den Tag, wenn man dieses Tempus dem Imperfekt im Temporalsatz gegenüberstellt. *Quand il voyait* bezeichnet entweder schon Vorhandenes oder mit einer zweiten Handlung parallel Fortschreitendes oder Wiederholung, also Dauer mit der einen oder andern speziellen Qualifikation.

Aus dem Zusammenhang, der zwischen der Momentaneität und dem Perfekt besteht, ergibt sich auch, dass, wenn ein und dasselbe Verb sowohl eine momentane als eine dauernde Bedeutung hat, die erstere hauptsächlich die Perfektform annimmt. Wenn also z. B. *se trouver* 'sich einstellen', 'sich finden' und 'sich befinden' bedeutet, so heisst 'ich stellte mich ein', 'ich fand mich': *je me trouvai;* Bel-Ami 15: *Il prit le coupon..., poussa la porte..., et ils se trouvèrent dans la salle;* wenn z. B. *conoscere* 'kennen' und

---

[1] Im Original durch Druckfehler *eút.* — Übrigens sei bemerkt, dass absichtlich Beispiele von demselben Verb gewählt worden sind, um den Vergleich der Ausdrücke zu erleichtern. Natürlich bleibt die Erscheinung bei anderen Verben dieselbe. Besonders häufig wird man aber das Verb *esse* in dieser Stellung antreffen; z. B. *Quando fui nel cortile, ebbi una consolazione* (Le mie prigioni 44) = *Quando fui venuto e stava;* *Lorsqu'il fut sur le trottoir, il demeura un instant immobile* (Bel-Ami 1); oder mit Partizip, was besonders im Französischen gebräuchlich ist: *Dès que le soleil fut levé, elle descendit dans le parc* (Margot 585). Auf ähnliche Weise z. B. das span. *estuve: Cuando estuvo cerca, Lázaro la reconoció* (Fontana de oro 242).

[2] Die Unbestimmtheit des Zeitverhältnisses macht sich jedoch auch im Latein merkbar; es heisst z. B. im Passiv immer *cum ex eo quæreretur* (nicht *quæsitum esset*); oder darin, dass, wie in den romanischen Sprachen, die Konstruktion durch ein präsentisches Partizip ersetzt werden konnte. Dieses Partizip ist dabei der Zeitangabe nach ziemlich unbestimmt. Indes hat sich Rudolph aus dem Umstand, dass er *quand il vit = en veant* fand, verleiten lassen, in *vit* ein Zeitverhältnis der Gleichzeitigkeit anzusetzen.

'erkennen' bedeutet, so heisst 'ich erkannte wieder': *conobbi;* Inferno
IV, 121: *Io vidi Elettra con molti compagni, Tra'quai conobbi
Ettore ed Enea.* Dies lässt sich bei einer Menge Verba beobachten,
vor Allem bei denen, die 'benennen' und 'heiszen' bedeuten.

Zu IV.

Dem Imperfekt gegenüber, das in hohem Grade ein Tempus
der Relation ist, steht das Perfekt gewissermassen als ein absolutes
Tempus da, und zwar musste dieser bestimmte Kontrast zur Entwickelung und Verstärkung dieser Eigentümlichkeiten beider Tempora beitragen. Natürlich tritt der Charakter der Beziehungslosigkeit
nicht immer beim Perfekt hervor, wie nicht immer eine Bedeutung
der Beziehung im Imperfekt bemerkbar ist. Diese Bedeutungen
aber diesen zwei Zeitformen mit Mätzner völlig absprechen zu
wollen, kann nicht richtig sein. Auf eben dieselbe Weise verhält
es sich mit dem griechischen Aorist, der vielleicht noch mehr ein
beziehungsloses Tempus sein kann, obwohl er diesen Charakter
nicht immer zur Schau bringt.

Was über das Altfranzösische in Bezug auf die Verwendung
dieses Perfekts und dessen Zusammenhang mit einer besonderen
Stilart in Detail erörtert wurde, hat auch für das Italienische der
ersten Jahrhunderte Geltung. Gleichwohl nicht in demselben Grade,
denn im Italienischen war der Stil von den ersten Anfängen an
mehr vom lateinischen Stil beeinflusst, ein mehr wechselnder, künstle-
rischer als der „style national" der altfranzösischen Dichtung oder
der chronikartige Stil der altfranzösischen Prosa. Das Portugiesische
und das Spanische der ältesten Zeit kennen dagegen diese entschiedene Bevorzugung des Perfekts nicht. Könnte man dort von einem
„style national" sprechen, wie in den Volksromanzen, so würde
derselbe vielmehr eine Vorliebe für das Imperfekt zeigen.

Zu V.

Die in diesem Abschnitte belegte Anwendung des Perfekts
weist einen höchst charakteristischen Typus des Perfekts auf. Es
ist hier der Ausdruck des zu einem Gefassten, des streng Begrenzten, des Bestimmten und Exakten, und bildet somit einen
scharfen Gegensatz zum Imperfekt als Ausdruck der unbegrenzten
Dauer, der unbestimmten Wiederholung. Die Begrenzung kann
locker werden, wie man statt „zwei oder drei Mal" „mehrere Male"
oder „oft", statt „so und so viel Tage" „lange" einsetzt. Der
Gesichtspunkt der Einheitlichkeit oder Begrenzung der Handlung
kann dabei jedoch beibehalten werden, was besonders aus Stellen wie
die folgenden hervorgeht: portug.: *As rezes a vi. Lembrava me
então que, etc.* (oben I, 41); franz.: *Maintes foiz avint que en*

7*

rstei il se alloit seoir (J o i n v i l l e 34). Das Verhältnis zwischen dem
Perfekt und dem Imperfekt dieser Sätze ist offenbar so zu verstehen,
dass das Imperfekt wiederkehrende Akte veranschaulicht, deren
Resultat oder Totalität durch das Perfekt zusammengefasst wird.
Auf entsprechende Weise kann, wie oben S. 29 belegt wurde, das
Imperfekt für exakt bestimmte Wiederholungen angewandt werden,
wenn nämlich die exakte Angabe nicht den eigentlichen Charakter
der Handlung bestimmt, sondern diese aus einem andern, imperfektischen Gesichtspunkt zu beurteilen ist.

Die Aussagen, die für alle oder für keine Zeit gelten, d. h.
solche, die durch „immer" oder „nie" bestimmt werden, gehören gerade
wegen dieses Umstandes gewöhnlich nicht einem bestimmten Zeitabschnitt
der Vergangenheit an. Dies kann der Fall sein, z. B. R a b e l a i s :
Stentor n'eut oncques telle voix à la bataille de Troye. Oft aber
sind diese Sätze von allgemeinerer Fassung und ihre Zeitsphäre ist
nicht bestimmt begründet, vor allem, wenn sie der Kategorie der
sogenannten gnomischen Perfekte angehören. Es liegt daher nahe,
wie im Vorhergehenden an den betreffenden Stellen bemerkt wurde,
die durch solche Perfekte ausgedrückte Handlung bis an die Aussagezeit hinaufzurücken, d. h. dieselben als logische Perfekte aufzufassen, vor allem in der ersten und zweiten Person, z. B. R a b e -
l a i s : *Car oncques ne veistes homme qui eust plus grande affection
d'estre rey et riche que moy.* Als logische Perfekte werden in
der That auch solche Perfekte von K ö r n i g betrachtet (S. 46),
wogegen indes M a l m s t e d t Einspruch erhebt (S. 10 ff.). Was
zunächst das Neufranzösische betrifft, so wäre eine derartige Auffassung unserer Form nicht ohne zwingende Gründe möglich, da
das Neufranzösische das logische Perfekt nur in die zusammengesetzte
Form kleidet. Dazu kommt für das Altfranzösche, was H a a s e
beobachtet, nämlich dass als entsprechende Konjunktivform das Imperfekt angewandt wird, sogar in Widerstreit mit der gewöhnlichen
consecutio temporum. Es heisst also z. B. *Acompaignié estes...
por le plus halt afaire que onques gens entrepreissent;* oder:
Nous sommes en plus grant peril que nous fussiens onques mais
(H a a s e , U n t e r s. S. 88). Diese Konjunktivformen wären kaum
denkbar, wenn die dadurch ausgedrückten Handlungen vom Redenden in Verbindung mit der Zeit der Aussage gesetzt worden wären.
Für diese Sprache scheint es also richtig, historisch-perfektische
Bedeutung für das Perfekt mit *toujours, jamais* und dergleichen
Bestimmungen anzusetzen. Was das Italienische betrifft, so bringt
M a l m s t e d t folgendes Beispiel aus D a n t e s C o m m e d i a : *Dentro
da que' rai Vagheggia il suo fattor l'anima prima, Che la prima
virtù creasse mai,* das eine ähnliche Auffassung für diese Sprache
stützt. In den südwestlichen Sprachen, in welchen das logische
Perfekt am öftesten die einfache Perfektform annimmt, ist die
Entscheidung schwieriger. Eine gleichmässige Auffassung des iden-

tischen Verhältnisses in den verschiedenen Sprachen scheint jedoch den Ausschlag geben zu dürfen. Auf der andern Seite trifft man jedoch auch, am häufigsten im Französischen, das zusammengesetzte Perfekt in ähnlichen Sätzen, wie die hier zitierten. In dem Falle ist natürlicher Weise Rücksicht auf die Zeit der Aussage genommen. Diese Aussageform ist mehr für den Gesprächston passend, da im allgemeinen das zusammengesetzte Perfekt eine bescheidene Form im Vergleich mit dem einfachen darstellt. So urteilt auch richtig M a l m s t e d t für das Neufranzösische (S. 11).

Zu VI.

Keine andere Bedeutung des Perfekts macht sich in demselben Grade geltend, wie diejenige des Eintritts; woher auch viele diese Bedeutung als die für das Perfekt konstitutive bezeichnen. In der Erzählung ist sie die vorherrschende (I, 10), und dort ordnet sie sich in der Regel alle übrigen Anschauungen unter, die das Imperfekt herbeizuführen pflegen, wie Dauer, Wiederholung, Beziehung etc. Daher die Bemerkung in vielen Grammatiken, dass z. B. die Wiederholung durch das Perfekt ausgedrückt wird, wenn sie „einen Fortschritt in der Erzählung" bezeichnet, wie z. B. bei V o c k e r a d t (oben I, 179), M ä t z n e r. So wie das Eintretende vom Standpunkt der Gegenwart ein Futurum ist, so kann, wenn man bei einer erzählten Handlung der Vergangenheit wie bei einer gegenwärtigen beharrt, die darauf eintretende Handlung als eine futurale erscheinen. Daher hat man bisweilen das erzählende Perfekt mit dem Futur verglichen, z. B. R u d o l p h, S. 25, und D e l b œ u f. Der letztere sieht in diesem Umstand das ganze Geheimnis des Perfekts, und meint, dass es einem jeden, der diesen Gesichtspunkt ins Auge fasst, entschleiert worden ist.

Freilich mit dem oben S. 88 besprochenen Futur ist das Perfekt in diesem Falle gleichwertig; man vergleiche mit dem dort angeführten Satz den folgenden: *Il expose . . . sa misérable situation de . . ., vrai bohème comme le fut plus tard Villon* (G. P a r i s, M a n u e l 185).

Über die scharf ausgeprägte Bedeutung des Eintritts in den *u*-Perfekten, siehe oben I, 24. Der eintretende Moment des Verbs *esse* kann in verschiedener Weise modifiziert werden; nicht selten bedeutet es 'kam', wie D a n t e, I n f e r n o XXIV, 43: *La lena m'era del polmon sì munta Quando f u i su, ch'io non potea più oltre;* S i è c l e d e L o u i s XIV 111: *La France fut alors au comble de sa gloire;* oder 'wurde gemacht' 'kam zur Existenz' wie R a b e l a i s 16: *Sa ceincture feut de troys cens aulnes . . . Son espee ne f e u t valentianne* gleich dem darauf folgenden: *Sa bourse feut faicte de la couille d'un oriflant.*

Es dürfte überflüssig sein auch nur anzudeuten, dass diese *u*-Perfekte nicht immer die Bedeutung des Eintritts haben. Auf der anderen Seite ist zu bemerken, dass die Handlung auch bei andern Zeitformen dieser Verba als eintretend zu denken ist. So bedeutet *ho* 'bekomme' D e c a m e r o n II, 66 : *Io non ne prenderò mai alcuno altro, se io non h o Federigo degli Alberighi; avoir* 'bekommen' R a b e l a i s 107; *a été = est devenue* S i è c l e d e L o u i s XIV 220; *j'ai su* 'ich habe erfahren' (gewöhnlich), ibid. 56; *tace* 'er verstummt' *Gerus. liber.* IX, 37; u. s. w. Ähnliche Beispiele sind schon im Vorigen gelegentlich besprochen worden, I, 133 *(sabia, habia);* vgl. noch I, 25.

Zu VII.

Warum die Erzählung das Perfekt als hauptsächliche Form wählt, wurde oben I, 10 auseinandergesetzt. Auf ähnliche Weise erklärt C a v a l l i n (G r e k i s k   S y n t a x, 45) den Gebrauch des griechischen Aorists als Form der Erzählung bei den Griechen, nur dass er diesen Gebrauch ausschliesslich aus der Momentaneität und dem Eintritt herleitet, also nicht aus der Vollendung. M ä t z n e r dagegen meint, G r a m m. 323, dass gerade die Abgeschlossenheit „die Vorstellung eines zeitlichen Fortschritts" in der Erzählung voraussetze, d. h. dass die Vollendung das Perfekt zum erzählenden Tempus bestimme. Beide Anschauungen zusammengenommen scheinen die beste Erklärung zu geben.

Die erzählende Rolle des Perfekts ist indes in den verschiedenen Sprachen auf verschiedene Weise beschränkt worden. Das Nähere darüber ist zu jeder Sprache angegeben.

Man charakterisiert oft das Perfekt dem Imperfekt gegenüber als das erzählende Tempus. Dies ist zwar sehr zutreffend, denn unbestreitbar findet das Perfekt in der Erzählung seine häufigste Anwendung. Die Rolle erzählend zu sein, kann aber keine ursprüngliche Aufgabe sein. Sie setzt eine oder mehrere andere Eigenschaften voraus, die das Perfekt dazu geeignet machten, diejenigen nämlich, von welchen soeben die Rede war. Überdies ist die Unterscheidung zwischen Erzählung und Beschreibung oder Schilderung nicht leicht oder gar unmöglich, aufrecht zu halten.

B.　I m p e r f e k t.

Zu I.

Welchen bestimmten Eindruck der Dauer das Imperfekt auf einen Franzosen macht, wurde in der französchen Abteilung durch ein Zitat aus B r u n e t i è r e gezeigt. Denselben Eindruck machte das lateinische Imperfekt auf G e l l i u s , wie wir I, 16 sahen. Es ist unmöglich, wenn man die Rolle des Imperfekts in den romanischen Sprachen näher betrachtet, der Auffassung dieser beiden Männer nicht beizutreten. Mit Recht hat sie sich auch in der französischen Grammatik mehr und mehr geltend gemacht, wie bei dieser Sprache ausführlich dargelegt wurde. Für das gesammte romanische Sprachgebiet haben wir die Aussage D i e z e n s , G r a m m. III, 276: „Als absolutes Tempus wird es [das Imperfekt], wie im Lateinischen, von der Dauer in der Vergangenheit, daher zumal von Gewohnheit und Eigenschaft gebraucht." Dies bildet den Kontrast zu der momentanen und eintretenden Handlung des Perfekts.

In der That, aus dieser Bedeutung lassen sich fast alle Anwendungstypen des Imperfekts herleiten, wie D i e z es schon für ein paar Anwendungen thut. [1])

Die Analogie einer anderen Sprache, die ebenfalls zwei Formen für die vergangene Handlung besass, gewährt uns noch eine Stütze für diese Auffassung: im Sanskrit war das Imperfekt entschieden ein Tempus der Dauer, und aus dieser Grundbedeutung lassen sich alle übrigen leicht herleiten. [2])

Wenn wir also bei dem Resultat stehen bleiben müssen, dass das Imperfekt Dauer auszudrücken geeignet ist, so sind dabei einige Einschränkungen zu treffen. Es bezeichnet nur die unbestimmte Dauer; von der bestimmten Dauer ist unter Perfekt V hinlänglich die Rede gewesen. Es bezeichnet natürlich auch nur die relative Dauer, und diese wird durch die nebenstehende Handlung oder durch den Zusammenhang oder durch die zufällige Anschauung des Redenden oder Schreibenden bestimmt. Endlich vermag, wie zum Perfekt VII bemerkt wurde, die Eigenschaft Dauer in erzählten successiven Handlungen sich im Allgemeinen nicht geltend zu machen; es sei denn in der besonders anschaulichen Erzählung oder sonst als Ausnahmen.

Hiermit kommen wir zu der ersten aus dem Begriff Dauer hergeleiteten Anwendung, zu der breiten anschaulichen Erzählung. In der künstlerischen Litteratur ist diese Erzählungsform ein bewusstes Kunstmittel, wie dies zum Französischen ausgeführt wurde. In der populären Litteratur, wie namentlich in den portugiesischen und spanischen Romanzen, bot sich das Imperfekt zwar zuerst aus demselben Grunde als Erzählungsform dar. Andere Umstände mögen indes zu dieser relativen Popularität des Imperfekts beigetragen haben. Es hatte eine deutlichere, einheitlichere Form als das Perfekt, das oft die abweichendsten Gestaltungen annahm (vgl. *nacui, morui*

---

[1]) H ö l d e r und M ä t z n e r dagegen sehen in der „Zurückversetzung" den hauptsächlichen Grund der meisten Anwendungstypen des Imperfekts.
[2]) Siehe F l e n s b u r g , Studier öfver den fornindiska tempus- ä r a n (Lund 1888) S. 25 ff.

u. dgl.). Es war in mehreren seiner Anwendungen eine entschiedene
Form der Bescheidenheit gegenüber dem kategorischen Perfekt.
Für die Dichter bot sich endlich durch Anwendung des Imperfekts
eine grössere Leichtigkeit zu reimen dar; vgl. I, 54.

Zu II.

Die hier vorkommenden Handlungen sind auch dauernd und
im Grunde den unter I behandelten Ausdrücken gleich. Die Dauer
wird aber durch eine förmlich ausgedrückte Beziehung auf eine
andere Handlung deutlicher hervorgehoben. Diese Verbindung ist
nicht nur die deutlichste Bezeichnung der Dauer, sie ist zugleich
die häufigste Anwendung des Ausdrucks der Dauer. Man hat daher
behaupten wollen, dass nur in der Beziehung das Imperfekt Dauer
ausdrücke. Dem kann indes nicht so sein. Wenn ich z. B. sage:
J'avais un père qui aimait la chasse, so kann man zwar behaupten,
aimait bezeichne Dauer im Verhältnis zu *avais*. Entfernt man aber
jede Beziehung, muss es gleichwohl heissen: *Mon père aimait la
chasse*, und zwar um der Dauer willen.[1]) So sagt man (in den
neueren Sprachperioden) immer, sowohl ausser- als innerhalb der
Beziehung *si chiamava, aveva nome, s'appelait* etc., welche Ausdrücke immer aus dem einen Gesichtspunkt I aufgefasst werden
können.

Die hier behandelten Hilfsverba verdienen einen speziellen Abschnitt, da das Temporalverhältnis derselben in vielen Fällen sehr
verwischt worden ist.

Zuerst haben wir die Bewegungsverba die 'gehen' und 'kommen'
entsprechen. Aus Sätzen, wo sie noch in der ursprünglichen imperfektischen Bedeutung von 'auf dem Wege war' ('zu' oder 'von'),
entwickelt sich (Hand in Hand mit dem Präsens) eine so rein futurale oder (bei *venire*) perfektische Bedeutung, dass nur ein Ana-
logieschluss auf die ursprüngliche führt, z. B. in dem aus Bel-
Ami 102 angeführten Beispiel: *Il était un peu ému en montant
l'escalier de Mme de Marelle. Comment allait-elle le recevoir?*
Von einer Bewegung in der Vergangenheit ist hier nicht mehr
die Frage.

Die Ausdrücke mit *habere* in Zeitangaben behalten noch ihr
ursprüngliches Temporalverhältnis bei.

Nicht so die dritte Verbindung, welche die modalen Verba der
Gebührlichkeit und Möglichkeit enthalten. Die ursprüngliche Bedeutung, die z. B. im Portugiesischen: *Artelharia se pos no luguar,
D'onde combate s'auia de dar* ('bestimmt war gegeben zu werden'),
oder im Französischen: *Hélas! mon pauvre abbé, que je ne devais*

---

[1]) Vgl. ein ähnliches Beispiel: *Charles XII était brave*, bei Lesaint,
Traité (1862), S. 14.

plus revoir ('den es bestimmt war, dass ich nicht wiedersehen würde') und in vielen andern der angeführten Beispiele sichtbar ist, entwickelt (wie auch für das Präsens) eine auf die Zukunft allein zielende Bedeutung, wie in dem italienischen: *Mario sarebbe partito per due lunghi anni di viaggi pericolosi! Quante cose potevano accadere* (eigentlich: 'wie war nicht schon die Möglichkeit gegeben, dass eine Menge Dinge vorfallen würden'). Hierdurch berührt sich diese Konstruktion mit der des Imperfectum futuri (IX).

Zu III.

Hier ist die Handlung nicht nur, wie bei I, dauernd, auch nicht nur, wie bei II, im Verhältnis zu einer andern Handlung dauernd, sondern auch noch in ein gewisses inhaltliches Verhältnis zu einer andern Handlung gebracht. Diese Verhältnisse können von unendlicher Mannigfaltigkeit sein; nur einige der gewöhnlichsten und ausgeprägtesten sind aufgenommen worden. Es fehlt z. B. die Beziehung der Gebührlichkeit, wie wenn es heisst Villehardouin 78: *Là gaaignerent assez chevaus, et roncins . . . et tel gaing con à tel besoigne aferoit*, was der Unterabteilung *α*) am nächsten steht und nach Analogie dazu beurteilt werden soll; vgl. *com cil qui.*

Zu IV und V.

Es ist offenbar, dass ein und dieselbe Anschauung der häufigen Anwendung des Imperfekts der *verba sentiendi* und *dicendi* zu Grunde liegt, nämlich wieder die Auffassung der Handlung als einer dauernden. Im Russischen, scheint es, haben die *verba sentiendi* kein Perfekt, und De la Grasserie erklärt dies folgendermassen: „*Cela est très logique; l'action intellectuelle n'est jamais précisément terminée, puisque ce n'est pas une action proprement dite, mais un simple projet, une préparation d'action*.“[1]) Es scheint, dass diese Auffassung eines Romanen uns die beste Erklärung des romanischen Verhältnisses gibt.

Im Betreff der häufigen Anwendung des Imperfekts bei den *verbis dicendi* ist man im Allgemeinen der Auffassung Mätzners und Hölders beigetreten, nach welcher Hörer und Leser gleichsam mitten in den Verlauf der Thätigkeit gestellt werden, eine Auffassung, die aus derselben vom erzählenden Imperfekt ausgegangen ist. Im Griechischen, wo es mit den Aussageverben fast dieselbe Bewandtnis

---

[1]) **Etudes de grammaire comparée. Par R. de la Grasserie.** (Paris Maisonneuve 1888.) S. 49.

hat, hat man eine Stütze für diese Ansicht finden wollen. [1]) Diese
Erklärung schiebt jedoch ein Moment in die Betrachtung ein, das
den Romanen fremd zu sein scheint und das zu gekünstelt erscheint,
um allgemeinen Anschluss gewinnen zu können. Brinkmann sieht
in diesem Imperfekt dem Angeführten gegenüber etwas Neben-
sächliches, das die Tempuswahl erkläre. Ebenso Plattner, S. 202.
Eine einfachere Erklärung bietet sich uns dar, wenn wir auch hier
von der ersten Bedeutung des Imperfekts ausgehen, von der der
Dauer. Wir können uns dabei der Worte Flensburgs [2]) bedienen,
der ganz dasselbe Verhältnis für das Sanskrit konstatiert hat. „Die
Handlung des Redens“, sagt er, „erscheint für die sprachliche Auffassung nicht als eine zu einem gefasste Zeiteinheit, sondern als
eine Kombination auf einander folgender Aussagemomente“. Dass
in vielen Fällen andere Gesichtspunkte bestimmend gewesen oder
wenigstens hinzugekommen sind, ist schon angedeutet worden und
ist übrigens selbstverständlich. Besonders mag auf die häufigen
Aussageverba, die sich auf eine soeben verflossene Zeit beziehen,
hingewiesen werden.

Zu VI.

Die Anwendung des Imperfekts zur Bezeichnung der Gewohnheit und Wiederholung ist wieder, wie Diez sagt, aus der Bedeutung der Dauer hergeleitet. Aus dieser Anwendung ist erklärlich,
dass die Romanen das Perfekt des Verbs *solere* ganz fallen liessen;
die einfache Form der Vergangenheit ist nur *solebam* = *solia* etc.
An diesem Mangel ist jedoch auch die Gestaltung des lateinischen
Perfekts — *solitus sum* — teilweise Schuld.

Zu VII.

Die Anwendung des Imperfekts für Beschreibungen beruht, wie
Brunetière richtig hervorhebt (siehe im Kap. VI), auf dem
dauernden Charakter des Beschriebenen.
Einige Grammatiker, z. B. Plattner, gebrauchen den Ausdruck Beschreibung für fast jede Funktion des Imperfekts, und so
wie sie das Perfekt das erzählende Tempus nennen, so geben sie

---

[1]) Siehe Körnig, S. 34, Note 1. Das von Körnig für das sechste
Buch von Thukydides beobachtete Verhältnis dürfte ein Zufall sein, und
bestätigt sich nicht in den übrigen Büchern desselben Verfassers, wie auch
nicht bei anderen Verfassern.
[2]) A. a. O. 44. — Von Freundes Seite macht man mich darauf aufmerksam, dass dieser Gebrauch des Imperfekts mit dem Mangel der entsprechenden Aoristformen in Zusammenhang steht; dieser Mangel aber
hätte wohl seinerseits nicht bestehen können, wenn nicht das Imperfekt
statt des Aorists verwendbar gewesen wäre.

dem Imperfekt den Namen beschreibendes Tempus. Hier sind aber dieselben Bemerkungen zu machen wie zum Perfekt in dem nämlichen Falle. Das Imperfekt ist beschreibend, weil es Dauer bezeichnet [1]), und Beschreibung ist ein ziemlich dehnbarer, gegen Erzählung nicht deutlich abgegrenzter Begriff. Es scheint daher angezeigt, die Benennung Beschreibung nur in eigentlichem Sinne anzuwenden. — Dass die Abteilung β) hierher gezogen worden ist, beruht, wie im Vorwort gesagt wurde, auf der Schwierigkeit, einen andern Platz dafür zu finden.

Zu IX.

Zur Anwendung als Imperfectum futuri kam das Imperfekt offenbar auf zwei Wegen: teils durch die modalen Hilfsverba, die ursprünglich nach II, β aufzufassen sind, teils Hand in Hand mit der Anwendung des Präsens als Futur. Vgl. Mätzner, Syntax I, 82. — Übrigens ist dieser Gebrauch den südwestlichen Sprachen geläufiger als den übrigen.

Zu X.

Das Imperfekt im Bedingungshauptsatz ist eine Erbschaft aus dem Lateinischen; davon war schon I, 12 die Rede. Das Imperfekt im Bedingungsnebensatz dagegen war dem Lateinischen sowohl als den ersten Perioden der romanischen Sprachen unbekannt. [2]) Hier liegt also eine auf romanischem Boden entstandene Ausdrucksweise vor. Dass das Imperfekt im realen Falle zur Anwendung kam, war, wie zu Perfekt II, γ bemerkt worden ist, natürlich, da dabei jedes reale Tempus vorkommen kann. Auch lag es nahe, das Imperfekt im Konditionalsatz = Temporalsatz anzuwenden, da das Imperfekt das Tempus der Wiederholung war. Im eigentlichen Konditionalnebensatz kommt es schliesslich auch vor, und zwar zuerst in dem untergeordneten Konditionalverhältnis, einem Präsens des selbständigen Konditionalverhältnisses entsprechend. Diese Anwendung ist ebenfalls eine leicht erklärliche und sogar eine sehr natürliche in Anbetracht der allgemeinen Gesetze, die für den Austausch der Tempora zwischen der *oratio recta* und der *oratio obliqua* bestehen. Über die bisher erwähnten Anwendungen des Imperfekts

---

[1]) Plattner kehrt diese Sache ganz um, S. 201.
[2]) Den vulgärlateinischen Formeln war diese Konstruktion jedoch nicht völlig fremd. Bei Rozière findet man z. B. II, 575: *Se hoc non facebat, cum legis beneficio ipso illo de ipsa vinia revestire deberet.* — 598: *Se hoc facere potebat, ipsi illi contra ipso illo conpascere deberit.* — 599: *Se hoc facere potebat, de hac causa ipsi illi conpascere deberit.* Bei der syntaktischen Zerworfenheit dieser Formeln kann man aber kein Gewicht auf diese Stellen legen.

im konditionalen Nebensatz hinaus sind die südwestlichen Sprachen
kaum gekommen, es sei denn in Ausnahmen; vgl. I, 74, 139; Diez,
Gramm. III, 355. [1])

Weiter gingen indes das Italienische und besonders das Französische: sie wandten (in verschiedenem Grade) das Imperfekt in dem
potentialen und irrealen Fall in unabhängigen Fügungen an. Warum
die althergebrachten Konstruktionen, die noch daneben fortbestanden
und im Italienischen noch fortbestehen, durch diese neue ersetzt wurde,
ist nicht leicht festzustellen. Die annehmbarste Erklärung scheint
indes die für das Französsiche von Koschwitz gegebene und von
Burgatzcky [2]) veröffentlichte zu sein: es ist eine Übernahme aus dem
abhängigen Konditionalverhältnis. Die zeitlichen Daten weisen un-
zweideutig auf diese Erklärung hin; ebenso der Umstand, dass neben
die Abhängigkeit von *verbis dicendi* etc. auch Abhängigkeit anderer
Art dieselbe Konstruktion herbeiführte; vgl. das Spanische und
Italienische. Als nämlich einmal das Imperfekt des Indikativs mit
der *oratio obliqua* in den konditionalen Nebensatz hineingekommen
war, lag es nahe, dieses Tempus der unvollendeten [3]), sogar un-
wirklichen Handlung auf der einen Seite mit der unrealisierten,
aber realisierbaren Handlung, die die *oratio recta* ausgedrückt hatte [4]),
auf der andern Seite mit der unrealisierbaren Handlung, die durch
dasselbe Tempus im Konjunktiv ausgedrückt wurde, zu verbinden
und zu identifizieren. Daher kam es, dass das indikative Imperfekt
auch in selbständigen Konditionalfügungen für die unwirkliche Annahme gewählt wurde, sei es, dass diese Annahme sich als eine
realisierbare, aber nicht realisierte, sei es, dass sie sich als eine
unrealisierbare erweist. Auch die dem Imperfekt eigene Bedeutung
der Bescheidenheit folgte ihm bei dem Eintritt in den Konditionalsatz; vgl. Klapperich, S. 21 (§ 5); und im Allgemeinen erinnert
das Imperfekt der Konditionalsätze an dasjenige mit präsentialer
Bedeutung (Imperfekt XII, α).

Zu XII.

Zur Gleichwertigkeit mit dem Präsens gelangte das Imperfekt
auf verschiedenen Wegen. In abhängigen Sätzen wirkte vornehm-

---

[1]) Ein abhängiges Konditionalverhältnis liegt wohl auch in dem von
Mätzner, Syntax, II, 163, gebrachten portugiesischen Beispiel: *Mas
se esperava maior utilidade, considerasse* etc., vor.

[2]) Das Imperfekt und Plusquamperfekt des Futurs im Altfranzösischen, S. 12.

[3]) Schon früher hat Scholle die konditionale Anwendung des indi-
kativen Imperfekts aus dessen Bedeutung von unvollbrachter Handlung erklären wollen; Herr. Archiv XLIV, 427.

[4]) Wie zum Französischen bemerkt wurde, bezeichnet das indikative
Imperfekt im Nebensatze (und das Konditionale im Hauptsatze) auch den
potentialen Fall. Dies hat A. Schulze bei seiner Kritik von Kosch-
witzens Theorie übersehen, Litteraturblatt 1887, Sp. 171.

lich Attraktion. In unabhängigen Sätzen war die Verlegung der Handlung in eine vergangene, mit der Aussagezeit jedoch zusammenhängende Zeit ein Mittel, dieselbe bescheiden auszudrücken: *je venais vous dire* ist weniger gerade heraus als *je viens vous dire*. Endlich wurde das Imperfekt der Modusverba einem Präsens dadurch ähnlich, dass es sich im elliptischen Konditionalsatz verwenden liess; z. B. im Portugiesischen: *Tu podias ajudarme* (I, 75) = *Tu podes ajudar-me se queres*. Dies kommt am öftesten in den südwestlichen Sprachen vor; im Neufranzösischen ist es, wie zu dieser Sprache bemerkt wurde, selten.

C. Erstes zusammengesetztes Perfekt.

Wie schon in diesem Abschnitt angedeutet worden ist, besonders I, 145, tritt das erste zusammengesetzte Perfekt als erzählendes Tempus in zwei verschiedenen Phasen auf. Am greifbarsten ist der Unterschied im Spanischen, wo er sowohl zeitlich als der Art der Litteratur nach bestimmter als anderswo hervortritt. Die eine Kategorie, die ältere, macht entschieden den Eindruck eines Präsens, und mit dem Präsens wechselt dieses Perfekt stets ab. Durch diese Erzählungsweise werden vergangene Handlungen zu unserer Zeit heraufgerückt, die sich ereignenden durch das Präsens, die sich vollendenden durch das Perfekt ausgedrückt. Das Perfekt der zweiten Kategorie dagegen lässt den Handlungen ihre eigene Zeit, erstreckt sich selbst aber über ihre ursprünglichen Grenzen hinaus, um das, was mit der Aussagezeit nur wenig und schliesslich gar nichts gemeinsam hat, zu umfassen. Daher fängt die erzählende Rolle dieses Perfekts mit dem Nächstliegenden an (vgl. Kap. VI), geht allmählig zu dem Ferneren über und wird zuletzt eine gewöhnliche Erzählungsform wie jede andere, nur mit der Beschränkung, welche die formale Gestaltung auferlegt. Als von dem Erlebnisse des Tages ausgehend muss diese Erzählungform eine bescheidenere sein als die der Geschichte, das einfache Perfekt. Sie gehört daher vorzugsweise dem Gespräch und der populären Darstellung an.

Wie I, 80 gesagt wurde, kennt das Portugiesische dieses Tempus als ein erzählendes kaum.

D. Zweites zusammengesetztes Perfekt.

Die formale Gestaltung und der ursprüngliche Gebrauch dieses Tempus deuten darauf hin, dass es als Perfekt aufzufassen ist, wie man es auch früher gewöhnlich nannte; vgl. I, 163, 224; II, 79. Da es indes seiner Bildung gemäss die Abgeschlossenheit der Handlung stark hervorhebt, so kann es in Verbindung mit an

dern Handlungen leicht die Vorvergangenheit bedeuten, und es tritt
sogar als Plusquamperfekt auf, mit besserem Recht als das einfache
Perfekt. Eine Funktion aber, die es ganz geeignet war, zu über-
nehmen, war diejenige des lateinischen Perfekts im Temporalsatz;
vgl. I, 148; und so genau hat es sich in diese Stellung eingepasst,
dass es noch in demselben Verhältnis zum Plusquamperfekt im Temporalsatz steht, wie das lateinische Perfekt zum lateinischen Plusquamperfekt. Im Latein gilt nämlich nach Riemann, S. 318, die
Regel: „*Quand il s'agit, dans le récit historique, de marquer la
succession immédiate des faits, postquam (ubi) doit régulière-
ment se construire avec l'aoriste, et le plus-que-parfait est ici
peu correct*"; ganz so verhält es sich mit unserer romanischen
Form; nur dass, wie einige Beispiele zeigen, ein exakt bestimmter
Zwischenraum zwischen den Handlungen liegen kann. Vgl. dazu
unter F.

Dem Portugiesischen geht diese Form ab.

F. Erstes zusammengesetztes Plusquamperfekt.

Die allgemeine Bedeutung Vorvergangenheit, die dieses Tempus
charakterisiert, braucht keine genauere Ausführung. Das Verhältnis
zum zweiten zusammengesetzten Perfekt im Temporalsatz dagegen
ist näher zu erörtern. Die unmittelbare Aufeinanderfolge, die durch
dieses letztere Tempus ausgedrückt wird, geht dem Plusquamperfekt
ab. Aber ausser dieser negativen Rolle hat das Plusquamperfekt
die positive, gewisse Nebenbestimmungen der vorvergangenen Handlung auszudrücken. Dies geschieht ganz nach lateinischem Muster.
Sehen wir also zu, wie das Latein in diesem Falle verfuhr. Riemann gibt folgendes an: „*Postquam (ubi) se construit avec
le plus-que-parfait de l'indicatif: 1⁰ lorsque le verbe princi-
pal est lui-même au plus-que-parfait; — 2⁰ lorsqu'il s'agit
d'un fait qui se répétait dans le passé; 3⁰ lorsque . . . la
conjonction temporelle exprime un état de choses qui durait
encore pendant qu'avait lieu l'action marquée par le verbe prin-
cipal; — 4⁰ enfin, lorsque le fait exprimé dans la proposition temporelle a été séparé par un certain intervalle de temps
de celui qui est énoncé dans la proposition principale.*" Auch in
den romanischen Sprachen werden diese Verhältnisse durch das zusammengesetzte Plusquamperfekt — in den südwestlichen auch durch
das einfache Plusquamperfekt — ausgedrückt, und Beispiele hierzu
finden sich in den respektiven Abschnitten. Nur ist zu Regel 4⁰
die Ausnahme für bestimmte Zeitangabe zu machen. Zu bemerken
ist auch, dass bei Wiederholung unmittelbare Succession hervorgehoben und also das zusammengesetzte Perfekt angewandt werden
kann, wie verschiedene Belege beweisen.

In gewissem Grade erinnert das Verhältnis zwischen den beiden hier verglichenen Formen an das Verhältnis zwischen einfachem Perfekt und Imperfekt. Von einem Verhältnis zwischen jenen Formen kann man aber nur innerhalb des Temporalsatzes [1]) sprechen; in jeder andern Verbindung wird — in den neueren Sprachperioden — das Plusquamperfekt das alleinherrschende Tempus der Vorvergangenheit, z. B. als Ausdruck des nie Geschehenen, oder der Zusammenfassung im allgemeinen, was ohne Relation durch das einfache Perfekt ausgedrückt wird. Man sollte also nicht, wie vielfach gethan wird — siehe die speziellen Abschnitte —, das Verhältnis zwischen diesen Zeitformen im allgemeinen auf dasjenige des einfachen Perfekts und Imperfekts basieren und darauf hinweisen. Denn ausserdem, dass man dabei für eine einfachere Erscheinung auf eine verwickeltere hinweist, übersieht man die selbständige und eigentümliche Stellung und Entwicklung des zweiten zusammengesetzten Perfekts.

Das lateinische Plusquamperfekt wurde bisweilen im konditionalen Nebensatz gebraucht, wie schon Kap. VI bemerkt wurde. Dieser Gebrauch wurde für die entsprechende einfache Form (und die damit zusammengesetzte) der südwestlichen Sprachen ein sehr gewöhnlicher. Das erste zusammengesetzte Plusquamperfekt kam aber in diesen Sprachen überhaupt wenig als konditionales Tempus vor, und in den übrigen Sprachen eigentlich nur in späterer Zeit, und, wie es scheint, mit dem Imperfekt des Indikativs Hand in Hand gehend. Das alte französische Beispiel, das S. 86 angeführt wurde, stellt eine andere Frage auf, nämlich die von der Form des zusammengesetzten Plusquamperfekts im Passiv. In der That scheint wegen der Schwerfälligkeit der konsequent gebildeten neulateinischen Form *habebam statum* + Partizip die altlateinische angewandt worden zu sein; siehe darüber z. B. Rudolph S. 39 ff. Da indes diese Form sich nicht mit Sicherheit als Plusquamperfekt oder Imperfekt bestimmen lässt, so konnte sie hier bei der Feststellung der Bedeutung dieser Tempora nicht mitberücksichtigt werden.

---

[1]) Eigentlich nur innerhalb des temporalen Nebensatzes, welcher der lateinischen Konstruktion mit *postquam* etc. nachgebildet worden ist. Schon bei der Fügung mit *apenas, appena, à peine* und ähnlichen Ausdrücken ist das Plusquamperfekt der Hauptsatzform gemäss, gewöhnlich. Wenn jedoch dabei das zweite zusammengesetzte Perfekt vorkommt, so beruht dies auf der Ähnlichkeit dieser Sätze mit Nebensätzen der Zeit.

Schluss.

Wenn wir auf das hauptsächlichste Ziel dieser Abhandlung,
die Bestimmung des Verhältnisses zwischen dem einfachen Perfekt
und dem Imperfekt im Französischen und den übrigen romanischen
Sprachen, einen letzten Blick werfen, so finden wir
    dass diese Zeitformen die Handlungen (bzw. Zustände)
der Vergangenheit auf gewisse eigentümliche Weisen
qualifizieren;
    dass diese zwiefache Qualifikation sich hauptsäch-
lich so verteilt, dass durch das Perfekt die Handlung
dargestellt wird
    1^0 als ein energisch betontes Faktum;
    2^0 als vollendet, speziell als momentan;
    3^0 als beziehungslos, um ihrer selbst willen da-
    stehend;
    4^0 als zusammengefasst oder begrenzt;
    5^0 als eintretend;
wobei die Qualifikationen 2^0 und 3^0 das Perfekt besonders
geeignet machen in der Erzählung angewandt zu werden;
und dass durch das Imperfekt die Handlung dargestellt wird
    1^0 als dauernd, welche Qualifikation aber in der Erzählung
    gewöhnlich nicht in Betracht kommt;
    2^0 in Bezug auf die Zeit einer andern Handlung als
    schon im Gange befindlich oder damit gleichzeitig
    fortgehend;
    3^0 in Bezug auf den Inhalt einer andern Handlung
    als darunter oder darin liegend;
    4^0 als nicht vollbracht, nur gedacht oder voraus-
    gesetzt;
wobei die Qualifikation 1^0 das Imperfekt besonders geeignet macht, für Gefühle, Reflexionen, Aussagen, Gewohnheit, Wiederholung und Beschreibung angewandt zu
werden; die Qualifikation 4^0 irreale Anwendungen mit
sich führt.
    Unqualifizierte Handlungen in Umschreibungen und
Ausführungen mit *quantum* u. ä. erhalten durch Attraktion
ihr Tempus.
    Oft bestimmen zwei oder mehrere Qualifikationen zu-
sammen die Tempuswahl.

Nachtrag.

Diese Abhandlung ist zu verschiedenen Zeiten verfasst und gedruckt worden, und sie trägt leider davon mehr als eine Spur. Die Auffassung mancher Erscheinungen hat Schwankungen erlitten, die Darstellung ist nicht immer einheitlich. Einen Fall nur will ich hier aufnehmen. Die im ersten Heft ausgesprochene Auffassung der Ausdrücke, die dem lateinischen *mansi* entsprechen (= einfaches Perfekt II, β), die schon vom Anfang an sehr unsicher war (vgl. Vorwort, S. VI), habe ich während des Laufes der Arbeit gänzlich übergeben. Jene Perfekte haben vielmehr, scheint es, in der Bedeutung des Eintritts ihren Grund, was indes für das Französische deutlicher ist und speziell z. B. von Schlutter betont worden ist (a. a. O. S. 14). Von mancher anderen Erscheinung dürfte die Auffassung vielleicht nur *ad tempus* gelten; ich habe allzu oft Gelegenheit gehabt, der Worte eines alten italienischen Grammatikers, Pergamini da Fossombrone, zu gedenken: La Materia de' Preteriti è assai difficile et intrigata.